SETA DE CARDO
Vs
CARDO CORREDOR

CREAR SETALES DE LA SETA DE CARDO EN TRES PASOS

La "joya de la corona" en Castilla y León

Por: *(Fvg) Félix Villullas García*

TRATADO DE MICOLOGÍA APLICADA

Fecha de cierre de la publicación: septiembre 2016

ISBN-13 978-84-617-4442-8

DEDICATORIA

(...) a mi hermano...

Artífice, y mejor colaborador en un proyecto en el que siempre ha creído y cree. Por el tiempo que ha dedicado a la observación y trabajos de campo realizados durante estos últimos cuatro años ilusionado por saber cada día más sobre un ser EXTRAORDINARIO, al que él denomina *<nuestra SETA>*. Por convencerme y animarme para dar a conocer lo que estamos haciendo con la publicación de los trabajos que estamos realizando en aras de dar el valor que merece a un recurso ecológico que debe de ser un referente en esta, nuestra tierra, Castilla y León, *"LA SETA DE CARDO" (Pleurotus Eryngii)*

TABLA DE CONTENIDO

INTRODUCCIÓN

A raíz de la publicación del libro *"Cultivar la seta de cardo en su hábitat natural" (puesto a la venta en la plataforma de Amazon - KDP libro impreso y formato electrónico - y CreateSpace, libro impreso)*, han sido muchos los que os habéis interesado por el tema que tratábamos manifestado un interés inusitado por el proyecto que estamos emprendiendo de conseguir cultivar el hongo Pleurotus Eryngii -seta de cardo- en su modalidad silvestre. Una pregunta se ha repetido, *"... que hacer para crear nuestros propios "setales" y como se puede cultivar este hongo directamente en el campo, en su hábitat, de forma ecológica..."*. En el libro se hace mención a estas dos inquietudes; bien es cierto, que sin profundizar debido a que tratamos muchos temas que creíamos de interés, se trataron cuestiones muy diversas intentando abarcar todos los aspectos que atañen a dos seres tan vinculados entre sí, no hablaríamos de la *"seta de cardo"* si no existiera el *"cardo corredor"*, *-eryngium campestre-*. Vuestros comentarios, observaciones y sugerencias que me han llegado por email nos ha incentivado -a mi hermano y a mí- aún más, si cabe, a seguir esforzándonos en la consecución de los objetivos programados en su día y de otros que han ido surgiendo con el transcurso del tiempo.

Comenzamos el proyecto en el verano del 2012 con la adquisición de algo de micelio del hongo pleurotus eryngii, con el único propósito de comprobar que, efectivamente, si hacíamos lo que la empresa suministradora nos indicaba lograríamos que brotaran setas en lugares en los que nunca lo habían hecho.

Este primer objetivo se logró y con muy buenos resultados, conseguimos recolectar setas en lugares en los que nunca habíamos pensado que las pudiéramos ver, todos ellos tenían una característica en común, estaba asentada en esos terrenos una planta de la familia de las *umbelíferas* que para nosotros es *"la madre del cordero"*, la planta eryngium campestre conocida comúnmente como cardo corredor, cardo setero, etc.. El siguiente paso fue centrar nuestra atención en esta planta, profundizar y conocer a la perfección su ciclo vital. Llegamos a la conclusión de que se podría forzar su expansión e implantarla en lugares "vírgenes", o hacer que la densidad de plantas aumentara en aquellos en los que el número era escaso. El proyecto alcanzó otra deriva y era, como indica el título del libro, *"cultivar la seta de cardo en su hábitat natural"*, cultivar este hongo en el campo de forma ecológica y producirlo con las mismas características organolépticas y de exquisitez que el que recolectamos en plena temporada recorriendo eriales, laderas y senderos cuando las condiciones le son idóneas. Simplificando, queríamos producir esta seta en su forma silvestre tal como la encontramos en los campos.

He podido constatar que hay muchos aficionados a la micología que valoran y aprecian las cualidades tan excepcionales de este hongo -*Pleurotus eryngii*- que nos obsequia con un fruto que es un verdadero manjar. Pensamos que debiera de ser estandarte y referente por estas tierras de Castilla y León cuando hablamos de micología, cuando hablamos de recursos que nos proporciona la naturaleza y que a veces no sabemos apreciar en su justa medida tal como se merece. Pretendemos, que se ponga en valor y se haga todo lo necesario por quien pueda hacerlo, nosotros intentamos contribuir a que así sea.

Hay otras zonas de España en las que también se recolecta este hongo, en realidad en cualquier punto en el que crece la planta de la que hemos hablado, pero es en esta Comunidad de Castilla y León, en todas sus provincias, donde la podemos ver en más cantidad y en donde los ejemplares que se recolectan alcanzan cualidades extraordinarias.

Muchos habéis recolectado esta seta durante años, lo habéis hecho desde todos los rincones de nuestra geografía ya que esta seta se la conoce por todo el territorio, pero la mayoría de consultas que nos habéis formulado interesándose por nuestros trabajos han sido de muchos de vosotros de Castilla y León.

En el libro *"Cultivar la seta de cardo en su hábitat natural"* pusimos de relieve algunas cuestiones relacionadas con este hongo que no son del todo ciertas, o al menos necesitan de alguna aclaración. Es importante, porque mucho de lo que se ha publicado no define exactamente como es el comportamiento de este hongo.

En el libro mencionamos el vocablo "inoculación/es" para explicar cómo se desencadena el proceso de colonización que sigue el hongo hasta llegar a la planta huésped y describimos con detalle como evolucionaron las numerosas muestras que realizamos directamente en el campo.

En esta publicación tratamos algunos aspectos novedosos que han surgido en el día a día desarrollando nuestro proyecto con la apertura de nuevas líneas de actuación.

Debido al interés que ha suscitado vamos a ilustrar con imágenes cómo hemos inoculado la planta eryngium campestre. Expondremos los resultados que se han obtenido inoculando plantas en distintos terrenos con distinta composición de textura. Os animo a que probéis, veréis la sensación de placer y orgullo que se siente al ver que lo conseguís.

Veremos que el proceso a seguir es simple, que cualquiera lo puede hacer y que los resultados que se obtienen nos van a sorprender muy positivamente. Siendo la parte fundamental del contenido, avanzaremos poniendo de relieve otros aspectos de gran importancia relacionados con todo lo que rodea a este hongo, con una especial dedicación a la planta de la que se nutre y le sirve de sustento.

Dedicaremos un apartado en el que trataremos sobre cómo podemos producir esta seta de forma extensiva. Veremos que se puede hacer y expondremos algunas de las cuestiones que habrá que resolver.

Son seis los apartados en los que se divide la publicación, profundizaremos en ellos y los ilustramos con imágenes y fotografías que documentarán el contenido. Incluiremos algunos aspectos NOVEDOSOS muy poco, o nada, conocidos de estos dos seres, y comentaremos cuestiones que ya fueron tratadas en el libro *"Cultivar la seta de cardo en su hábitat natural"*. El tiempo transcurrido desde nuestros comienzos ha hecho que algunas interrogantes pendientes de resolver las podamos desarrollar más a fondo. Cuando se publicó el libro algunas líneas de actuación estaban en proceso no pudiendo ofrecer resultados definitivos, otras nuevas han ido surgiendo con el transcurso del tiempo.

Hemos estructurado la publicación en estos apartados:

- Descripción y características del hongo Pleurotus Eryngii y la planta Eryngium campestre. Exposición de los trabajos de campo realizados con estos dos seres hasta la fecha.
- Práctica de INOCULACION en 3 pasos.
- Evolución de un "SETAL".
- Siembra del "cardo corredor". Hacía un cultivo EXTENSIVO
- Los grandes retos a solucionar.
- Algunas IDEAS que llevar a la práctica.

NOTA DEL AUTOR.- *Algunas de las fotografías e imágenes que ilustran esta publicación han sido tomadas directamente de diapositivas que utilizamos como parte del material de apoyo en la impartición de una ponencia en la Universidad de Valladolid (Campus de la Yutera- Palencia).* **"PRODUCCIÓN SETAS DE CARDO EN SU HÁBITAT NATURAL".**

Al igual que en el libro , "Cultivar la seta de cardo en su hábitat natural publicada en mayo-2015", las imágenes y fotografías del autor se referencian con las siglas "Fvg". Aquello que no sea creación propia se cita la fuente de procedencia de forma expresa en el epígrafe correspondiente, o en el apartado "bibliografía".

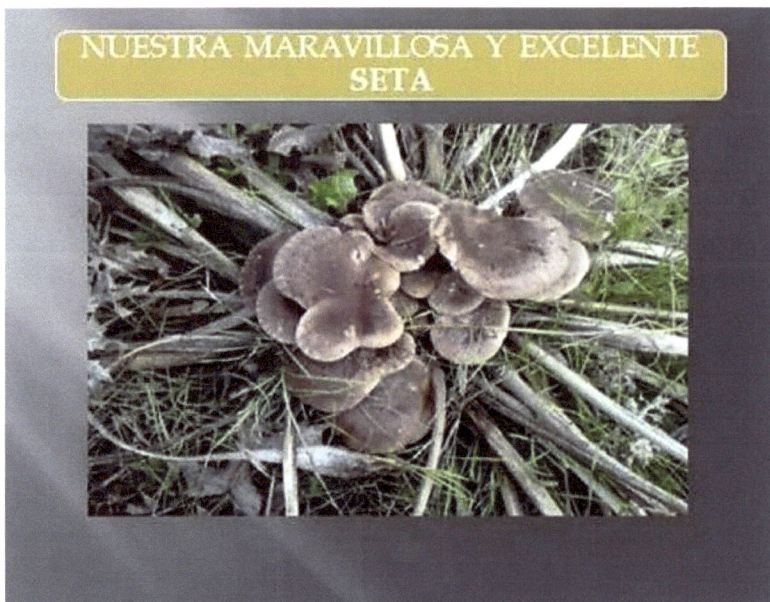

Diapositiva1. Ponencia "Producción de setas de cardo en su hábitat"

DESCRIPCIÓN

Nota: No se tratan aspectos más técnicos de su biología y clasificación por no ser un tema propio de exposición en este proyecto.

El hongo *Pleurotus Eringii* (símil) fructifica ofreciéndonos distintas variedades de setas comestibles que difieren en sus características morfológicas dependiendo de la planta a la que se asocia y coloniza. Nos ceñiremos únicamente a tratar aspectos de la seta que brota al invadir el hongo la planta Eryngium campestre, comúnmente conocida como "cardo corredor".

Puede mostrarse con gran variedad de tonalidades, desde el crema muy claro, cuando ha permanecido algún tiempo en el terreno, hasta el marrón muy oscuro a finales del otoño con los días más cortos y abundante humedad, incluso coloración blanca en primavera cuando se han sucedido algunos días muy soleados en otoño. Tiene sombrero más o menos convexo de hasta unos 10 cm., se pueden ver ejemplares aislados de un mayor diámetro en

SETA DE CARDO Vs CARDO CORREDOR

terrenos sueltos que han sido arados y la planta sobre la que se sustenta no ha sido eliminada. Sus láminas son blanquecinas y decurrentes sobre el pie que suele ser grueso y corto. A veces, las podemos ver en grupos -rosetones- sobre la misma cepa. Su carne desprende un olor agradable y no digamos el gusto, está considerada como una de las setas más apreciadas y nos ofrece muchas bondades gastronómicas por su fácil preparación y diversidad de platos con los que se puede combinar.

Es el fruto que nos proporciona el hongo Pleurotus Eryngii cuando éste coloniza e invade la raíz de la planta conocida como "cardo corredor" - Eryngium campestre - de la que hablaremos largo y tendido debido a que sin ella difícilmente, diría imposible, veremos esta variedad de Pleurotus.

Suele fructificar durante el otoño si el suelo ha recibido precipitaciones importantes y las temperaturas han sido suaves. Ocasionalmente puede salir en primavera, siempre que haya sido lluviosa y cálida. En esta zona de Castilla la denominamos _"seta de mayo"_ cuando brota a finales del mes de abril y durante todo el mes de mayo. Es atacada por larvas principalmente de "dípteros" - mosquitos- y otros organismos cuando las condiciones son propicias para la propagación de estos seres. Es quizás, uno de los mayores problemas con los que nos encontramos al recolectar esta seta, hablaremos de ello.

Hay que consumirla nada más recolectarla ya que es un producto que lo podemos enmarcar entre los altamente perecederos. Si no la consumimos de inmediato es conveniente conservarla en frigorífico unos días - no más de 4 o 5 - a una temperatura entre 4 y 5 ºC. Se puede conservar durante más tiempo siempre que previamente la hayamos deshidratado, en este caso no necesariamente las mantendremos en frio. No se aconseja congelarlas, el agua al congelarse hace que rompan las fibras provocando que pierda gran parte de sus excelentes propiedades.

Autor: Félix Villullas García   **13**

BREVE EXPOSICIÓN DE LO REALIZADO

Diapositiva2. Ponencia "Producción de setas de cardo en su hábitat"

Antes de continuar, comenzamos con un "axioma" que debemos de aceptar cuando hablemos de la "seta de cardo", este no es otro que tener muy presente que el hongo que produce esta seta coloniza e invade una planta a la que **parasita** y que sin esta planta no existiría la que conocemos comúnmente como SETA DE CARDO. La planta también es conocida en muchas zonas de España como "cardo corredor" [Eryngium campestre]. Hemos comentado que es un "axioma" y atendiendo al significado que se da a este vocablo - proposición tan clara y evidente que se admite sin demostración - no necesitaríamos más que aceptar lo que decimos; sin embargo, siendo consciente de que afirmar esto puede ser algo controvertido, la explicación, o demostración de lo que parece tan obvio, la proporcionamos en su día en la publicación del libro *"Cultivar la seta de cardo en su hábitat natural"* con el resultado que nos proporcionó los múltiples trabajos de campo corroborando esta tesis.

SETA DE CARDO Vs CARDO CORREDOR

Comenzamos un proyecto, que se nos antoja ambicioso, en el verano del 2012 con la adquisición de 1 L. de micelio del hongo "Pleurotus Eringii" a una empresa que lo comercializaba, pretendíamos inocular algunas plantas (Eryngium campestre) en terrenos en los que nunca había brotado esta seta, pero con una gran densidad de "cardos". En ese año nuestro propósito no era tan ambicioso, lo está siendo ahora con las múltiples bifurcaciones que ha adquirido el proyecto.

Seleccionamos plantas en distintos enclaves, distantes unos de otros, procurando que hubieran brotado en suelos con muy diversa composición organoléptica.

La parcela en la que realizamos las primeras prácticas tiene una extensión de 2 Ha., está completamente vallada perimetralmente con postes y malla metálica de 2,50 m. de altura. Era importante, ya que con esta protección podríamos monitorizar todas las zonas en las que se practicaron las inoculaciones y evitaba la posibilidad de que los resultados pudieran alterarse debido a la entrada indiscriminada de personas que accedieran al recinto para recolectar setas.

En pleno periodo estival -mediados de julio- se hicieron las primeras inoculaciones en 24 puntos de la parcela en los que la densidad de la planta huésped era media/alta -entre 6 a 8 plantas/m2- y lo más importante, NUNCA SE HABÍAN RECOLECTADO SETAS EN ESOS LUGARES. Queríamos tener la certeza de que si brotaba algún ejemplar lo había hecho exactamente en los puntos en los que habíamos intervenido, el terreno tenía que ser "virgen".

Se obtuvieron resultados positivos en un porcentaje de más del 90% de las muestras que hicimos diseminadas y distantes unas de otras, se aportó micelio del hongo en raíces de cardos nacidos en diferentes tipos de sustrato (arenoso, arcilloso, franco, grava, greda, etc...).

A finales del mes de agosto ya recolectamos algunas setas. En ese año (2012) no hubo precipitaciones en los meses de julio y agosto, esta falta hídrica se solventó incorporando algunos riegos en las zonas inoculadas con un intervalo entre ellos de unos 15 días aproximadamente. Procuramos suministrar alrededor de unos 50 mm. durante ese periodo que no hubo precipitaciones. Esto nos confirmó algo que ya intuíamos y era que en si en estos meses hay precipitaciones el año generalmente será bueno para esta seta. Vimos las primeros ejemplares a los 45 días, con un adelanto en el ciclo considerable, normalmente en esta zona lo hacen en la primera semana de octubre y siempre que durante el verano se recoja alguna precipitación. Cuando no es así, la campaña se ve reducida en el tiempo ya que brotarán más tarde y las bajas temperatura de la cercanía del inverno impedirán que el micelio se propague.

Con la aportación de los riegos conseguimos adelantar en más de un mes la recolección de las primeras setas, cosa inhabitual por estas tierras como ya hemos comentado ya que no se recolecta en estas fechas tan tempranas. En años en que nos regala con alguna precipitación en forma de tormenta durante el verano, las primeras setas se suelen recolectar a finales de septiembre.

Los riegos que aportamos no hicieron que aumentara la producción ya que este hongo para su expansión depende de otros parámetros como explicaremos en otros apartados. Lo que se consiguió, además del éxito de las inoculaciones, fue adelantar las fechas de recolección considerablemente. Es obvio, la importancia que puede tener este aspecto al lograr que se pudiera degustar este excelente manjar en fechas en las que todavía no es habitual que broten.

En vista de los buenos resultados obtenidos, en las mismas fechas del año siguiente (2013), salimos fuera de la parcela y con la adquisición de 2 L. de micelio realizamos más de 100 inoculaciones. Utilizamos los mismos criterios a la hora de seleccionar las zonas en las que se iba a proceder a depositar el micelio, se trataba de hacerlo con los mismo criterios seguidos en la campaña anterior, la variante fue hacerlo en localidades no muy lejanas a la nuestra. Pretendíamos crear nuevos setales en donde nunca se habían recolectado setas, tenían en común que estaba asentada la planta Eryngium campestre y con ello se tenía a la *"madre del cordero"*, como decimos por estas tierras.

Las dos temporadas siguientes (2014-2015) hemos seguido monitorizando lo que se había hecho y hemos proyectado nuevas líneas de actuación con nuevos objetivos a conseguir. Quizás, el más importante es el estudio a fondo de la planta de la que se alimenta el hongo. El reto se nos antojó ilusionante, a la par no exento de dificultades, no son muchos los trabajos, al menos que estén documentados, que tengan como protagonista principal a esta planta, y aún menos, otros que tengan en consideración la interrelación existente entre la planta y el hongo.

Todos los setales en los que hemos intervenido nos han gratificado con la obtención de resultados más que aceptables. Las inoculaciones que se realizaron fuera de la parcela principal ofrecieron los resultados esperados. Brotaron setas en más del 84% de los puntos en los que actuamos. Estos enclaves no se regaron estando a expensas de lo que a nivel de precipitaciones ocurrió en esos años, las setas las empezamos a ver al mismo tiempo que empezaban a brotar en la zona. Aquí no conseguimos el adelanto que se logró cuando aportábamos suministro hídrico durante el verano. Este no era lo que perseguíamos; sin embargo, podemos decir que **objetivo conseguido** en cuanto al número de inoculaciones con resultado POSITIVO.

En consecuencia hemos creado nuevos setales en muchas zonas en las que NUNCA había brotado esta seta. Como es obvio, no es cuestión de comentar en qué lugares se hizo, esto lo comprenderéis perfectamente si sois aficionados a recolectar setas (hongos) en general. A nosotros nos condiciona que queremos seguir monitorizando estos sitios durante algunos años y no es bueno que otras personas sepan su localización ya que interferiría en la fiabilidad de los resultados.

Conseguir el micelio de esta seta no acarrea, hoy en día, ningún problema y comprobamos que, efectivamente, se puede conseguir crear setales en cualquier lugar que se nos antoje, hay algo que hemos considerado de VITAL IMPORTANCIA, esto es disponer de terrenos en los que tengamos asentada la planta, así que ampliamos el campo de actuación hacia el cultivo de la planta Eryngium campestre como si de cualquier cultivo agrícola tradicional se tratara. A esto estamos dedicando nuestros estudios y observaciones, amén de la realización de todas aquellas prácticas culturales que pueda requerir el cultivo. De la marcha de estos trabajos dedicaremos el último apartado de esta publicación.

LOS PROTAGONISTAS.

LOS PROTAGONISTAS

El "cardo corredor", su RAIZ y el micelio del hongo

Imagen tomada del **libro** *"Cultivar la seta de cardo en su hábitat natural"*, pág. 235

Diapositiva 3. Ponencia "Producción de setas de cardo en su hábitat"

Para que veamos el fruto que nos proporciona nuestro hongo y se forme la que denominaremos de ahora en adelante como "seta de cardo", antes han tenido que producirse una serie de acontecimientos en los que participan dos seres muy distintos pertenecientes a distinto reino, la planta Eryngium campestre (reino vegetal) y el hongo Pleurotus eryngii (reino fungi).).

Definitivamente, podemos afirmar, que este hongo para que produzca la seta que estamos tratando, solo lo hace colonizando la raíz de esta planta y no en el sustrato – la tierra –, ni alrededor de la planta. Las setas que veamos y no tengan restos de raíz del cardo, no será "la seta de cardo" silvestre.

Las producciones y procesos de elaboración utilizados con otros sustratos, aunque la cepa sea del hongo pleurotus eryngii, no son objeto de nuestros trabajos ya que lo que perseguimos es la singularidad de intentar conseguir producir la seta tal como la encontramos en la naturaleza en aquellas zonas en las que las condiciones climatológicas y de terreno son propicias para su desarrollo.

Algo sobre el "cardo corredor".

Eryngium campestre, *el cardo corredor, cardo setero o cardo yesquero….*, es una planta Herbácea Perenne de la familia Apiaceae (Umbelliferae).

Es una planta espinosa de tallo erecto y muy ramificado que puede crecer hasta unos 70 cm de altura, no obstante, sus raíces son muy largas y pueden llegar a medir hasta 5 m.

Sus hojas están cubiertas de espinas y divididas en lóbulos. Sus flores, de color azulado, se reúnen en cabezuelas rodeadas por un involucro compuesto de 5 o 6 brácteas. Su fruto es un aquenio de 2 mericarpios uniloculares.

Fuente: De Wikipedia, la enciclopedia libre
*Eryngium campestre (***Cardo corredor***)*

Es una planta perenne del tipo vivaz, es decir, la parte aérea muere después de reproducirse y sólo persiste la raíz tuberosa hasta la primavera siguiente, en que rebrotan el tallo y las hojas. Es una planta estepicursora, pues las inflorescencias se desprenden al morir los tallos y de ahí se originó el nombre de "cardo corredor", pues por la acción del viento se arrastran tanto los tallos muertos como las cabezuelas secas. De este modo, se facilita la dispersión de las semillas e incluso la colonización de nuevos ambientes. Florece desde fines de primavera (mayo en el Hemisferio Norte) hasta inicios de otoño (septiembre), dependiendo el inicio y la longitud de esta etapa del clima y la latitud

No se cultiva, por el contrario, se le combate cuando invade terrenos destinados a la producción de forraje u otros cultivos tradicionales. A pesar de esto, es bastante apreciado porque sus raíces son el hábitat del hongo Pleurotus eryngii.

No se sabe cuántos años puede brotar de sus raíces, pero sí que pueden alcanzar una profundidad de hasta 5 metros.

No es muy apreciada por nuestros agricultores y se la ha combatido constantemente al considerar que perjudicaba considerablemente a los cultivos. Se realiza con medios físicos (arado en profundidad), y químicos con la aportación de distintos productos herbicidas.

Hoy en día a esta planta se la ve en pocas parcelas dedicadas al cultivo tradicional, solo en algunos terrenos muy irregulares, barbechos, páramos, eriales y márgenes de caminos que no son aprovechables. En definitiva, en terrenos muy pobres en nutrientes; sin embargo, no es muy exigente en cuanto a las condiciones del suelo y en los lugares en los que ha germinado alguna semilla lo encontraremos erguido y durante varios años.

Es muy resistente y aguanta muy bien las condiciones climatológicas adversas. Su follaje constituye el hábitat de multitud de organismos, especialmente insectos que suelen hacer las puestas de huevos entre las "umbelas" creando un encapsulado de protección de las larvas.

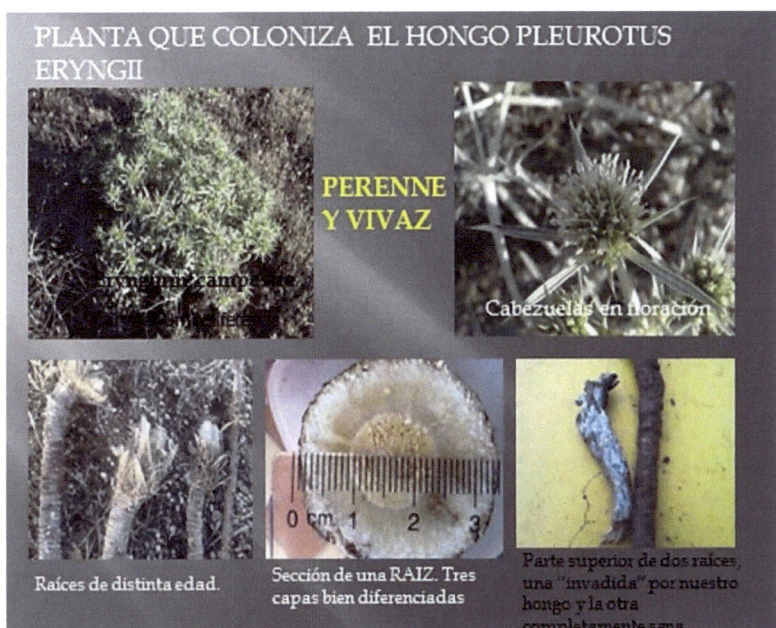

Diapositiva4. Ponencia "Producción de setas de cardo en su hábitat.

Especial apartado dedicado a la RAÍZ.

Es la parte de la planta que más nos interesa, es por la que nuestro "queridísimo" hongo entra en acción y de la que se alimenta.

En los meses de febrero y marzo las temperaturas empiezan a suavizar, es el momento en que se mueve la raíz que ha estado en estado "latente" durante parte del invierno, fechas en las que acontece la "parada" de la planta y ha desaparecido del terreno por completo su parte aérea. Es el momento en que comienzan a brotar algunos cardos de raíces de años anteriores. Recordemos que es una planta perenne que brotará año tras año. Las plantas que brotan de la germinación de semillas lo hacen antes, se pueden ver con dos pequeñas hojas -cotiledones- ya en noviembre poco después de las precipitaciones que se produzcan en el otoño. A primeros de abril el número de cardos que han despertado ya es abundante.

A finales de mayo se pueden apreciar ejemplares muy consistentes y empiezan a desarrollar los tallos centrales de los, que tras la floración, producirán las semillas de la umbelas. Algunos no desarrollarán los tallos hasta el segundo o tercer año dependiendo de las condiciones climatológicas.

En raíces de varios años el comienzo del crecimiento de la parte visible puede empezar a finales del mes de febrero, incluso antes si la climatología ha sido favorable. Empieza brotando un "ápice" central que posteriormente dará origen a las primeras hojas basales. Este ápice busca la luz alargándose hasta salir a la superficie. Si el "cepellón" de la raíz está a algunos centímetros por debajo del terreno, bien porque se ha depositado una nueva capa de tierra cubriéndola o por cualquier otra causa accidental, ésta en su intento de salir a la superficie en busca la luz, se alargará con vigor. Esto explica que el cardo vuelva a brotar en lugares donde otras plantas no lo harían debido a la compactación del terreno producido por el tránsito continuado de tractores u otro tipo de maquinaría. Es habitual ver esta planta en caminos y senderos en los que el terreno está más compactado debido al tránsito continuado de vehículos de todo tipo. Aunque estos a aplasten o "quiebren" la parte aérea, el cardo volverá a brotar, y si no lo consigue en el año lo hará al año siguiente. Lo hará de alguna de sus yemas adventicias.

*Fuente: **"Fvg"**, "Cultivar la seta de cardo en su hábitat natural". Izq. raíz desenterrada parcialmente al realizar labores en el terreno; brota de una de las yemas que están por debajo. Derch. plántula alargándose en busca de luz.*

*Fuente: **"Fvg"**, "Cultivar la seta de cardo en su hábitat natural". Comenzando el ciclo de raíces del año anterior. Es el cuarto año que brota.*

Cardo MULTIPLE sobre un rizoma compuesto. Varios brotes nacidos del "cepellón".

Se ha podido constatar que no es fácil eliminar los cardos con medios mecánicos. Esto se lo hemos escuchado a muchos agricultores que nos comentan que incluso realizando las labores en profundidad vuelven a brotar. Nos comentan que la única forma de asegurarse de que no vuelvan lo vuelven a hacer es mediante la aplicación de productos químicos aportados en herbicidas. Bien, veremos que esto no es muy bueno para lo que perseguimos.

Fvg.-*Sección de una raíz en la que se aprecia las distintas capas.*

Partes de la raiz :

"Cepellón": Zona superior y más gruesa. A muy pocos centímetros por debajo de la superficie del terreno. En él se puede apreciar ligeramente los restos de las hojas que han quedado después de haber sido desplazada la parte aérea por el viento.

Corteza: Zona externa de la raiz. Similitud con la corteza de un arbusto. Rugosa y resistente. Más, cuanto más edad tiene la planta.

Zona intermedia: Color blanco-crema de consistencia blanda.

Zon interior: Blanca. Dura y resistente (leñosa)..

Fvg.- Raíz de un cardo de varios años. Longitud 1,10 cm. Grosor en la base del cepellón, 4 cm. de diámetro.

Fvg.- Excelente raíz con un grosor de aprox. 5 cm. en la base del"cepellón". De esta raíz podría brotar una seta, o grupo, de considerable tamaño.

COMPONENTES PRINCIPALES DE LA RAIZ. Son muchos, los principales son los siguientes:

Esencia de eringio, saponina, taninos, sacarosa, inulina, sales de potasio, resinas, gomas, ginesina….

Fuentes: Diversas (coinciden en los componentes). Especial interés tiene la "esencia de eringio" al ser un aceite esencial muy valorado y apreciado en cosmética y fabricación de perfumes…

Algo sobre el hongo "Pleurotus Eryngii".
[El que produce la "SETA DE CARDO"].

Sabemos que es el hongo que PARASITA la planta Eryngium campestre y que, después de un proceso bastante laborioso y complejo, nos obsequia con el fruto, nuestra "joya", la seta de cardo.

Actualmente se comercializa y se cultiva sobre distintos sustratos de forma intensiva en invernaderos y otros locales acondicionados, se consiguen buenas producciones, aunque parece ser que no con

Cultivada en sustrato artificial. ESTA NO ES LA SETA QUE TRATAMOS

pocas dificultades en comparación con otras variedades de hongos comestibles. No se ha conseguido que esta variedad de Pleurotus, producida a gran escala, tenga el mismo sabor ni las mismas propiedades organolépticas que la recolectada en su variante SILVESTRE, la que brota y se recolecta en otoño y en menor cantidad durante parte de la primavera en nuestros campos. Setas que podemos ver en cualquier pequeña tienda o gran superficie. Se venden como "setas de cardo", pero difieren mucho en su aspecto exterior y más aún en su sabor.

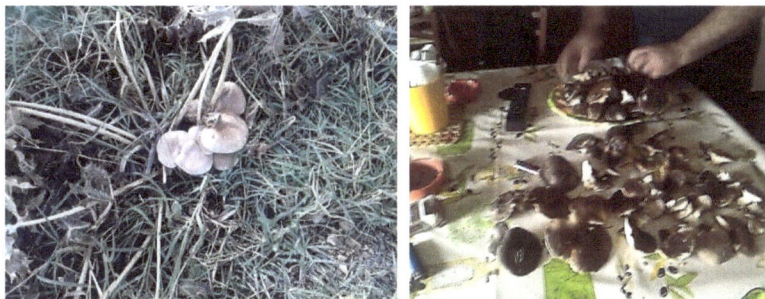

Fvg.- *Setas recolectadas en la parcela de nuestros trabajos.* Esta es la que nos interesa.

Pero antes de continuar veamos algo acerca de.... ¿Cómo se alimentan los hongos superiores?

Breve exposición, no tratamos el tema en profundidad.
Fuente: APUNTES SOBRE EL FASCINANTE REINO DE LOS HONGOS.
http://www.myas.info/cdsetas/HTML/FRHongos.htm

Clasificación:
Saprófitos: Se alimentan de materia orgánica muerta.
Micorrícicos: Se asocian con las plantas para obtener beneficio mutuo.
Parásitos: Viven a expensas de otros seres vivos.
Los hongos no pueden fabricar su propio alimento, han de tomarlo de otros seres vivos.
Hongos saprófitos:
Los hongos saprófitos son los recicladores del bosque. Se alimentan de materia orgánica muerta como hojas, madera y cortezas, y contribuyen a su descomposición, devolviendo los nutrientes al suelo.
Algunos hongos saprófitos se han especializado tanto en su alimentación que sólo se nutren de materia orgánica concreta.
Piñas caídas, como la MICENA DE LAS PIÑAS.
Excrementos de vaca, en los que germinan las esporas, una vez que han pasado por el aparato digestivo de la vaca.
Hongos micorrícicos:
Se denominan hongos micorrícicos a los que forman una asociación con las raíces de las plantas llamada micorriza.

La planta proporciona al hongo azúcares y alimento elaborado. El hongo ayuda a la planta a tomar el agua y los nutrientes del suelo, como si fuera una extensión de sus raíces.

El micelio invade las raíces del árbol generando una unión provechosa para ambos.

La mayoría de las plantas se asocia a diferentes especies de hongos para conseguir un mayor desarrollo.

La micorriza es el lugar donde el micelio del hongo penetra en las raíces de los árboles y se produce el intercambio.

El ciclo biológico de los hongos micorrícicos:

Imagen 1

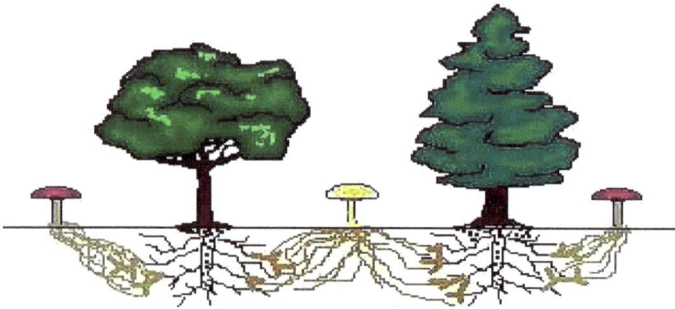

Estructura de la interrelación típica entre hongos micorrícicos macroscópicos y especies forestales
Fuente: (dibujos) **UNIVERSIDAD DE SAN CARLOS DE GUATEMALA**

Imagen 2

http://listas.20minutos.es/lista/la-cooperacion-entre-los-animales-una-cualidad-que-los-seres-humanos-deberiamos-de-imitar-309739/

Hongos parásitos:

Se alimentan y desarrollan a expensas de otros seres vivos. En ocasiones, llegan a causar la muerte del ser parasitado, contribuyendo a la selección natural de las especies. Este es el caso de nuestro hongo "pleurotus eryngii" en su vertiente silvestre, ya que invade las raíces de la planta eryngium campestre provocando que la planta MUERA y no vuelva a brotar un nuevo cardo.

Los hongos parásitos también son necesarios, ya que juegan un papel importante en la naturaleza: contribuyen a la selección natural, eliminando los débiles, enfermos o viejos.

¿Cómo se alimenta nuestro hongo y que tipo de relación mantiene con la planta huésped?

Saprofita, parásita o ambas...?

Diapositiva5. Ponencia "Producción de setas de cardo en su hábitat natural"

En el diagrama se describe el ciclo completo del hongo Pleurotus eryngii en el supuesto de que el tipo de asociación con la planta fuese **saprofita.** Esto es lo que se dice en multitud de tratados y publicaciones cuando se intenta describir las características de este hongo, al menos hasta ahora. Creemos que no es una tesis acertada y vamos a intentar explicarlo.

En un tipo de asociación saprofita el organismo se nutre de materia orgánica descompuesta, o en fase de descomposición. En nuestro caso, el hongo colonizaría la raíz del cardo cuando éste hubiera llegado al final de su ciclo vital y estuviera muerta la planta; bien, porque hubiera llegado al final de su vida por transcurso del tiempo; bien, porque otro organismo la hubiera parasitado matándola. En todo caso, nuestra planta deberá de haber llegado al final de su ciclo asentándose en la raíz nuestro hongo mediante su masa miceliar.

De ser esto así, nuestras inoculaciones las debiéramos haber realizado sobre plantas, para ser exactos sobre raíces de plantas, de las que ya no iban a brotar cardos.

Pues bien, incrustamos el micelio sobre raíces de plantas vivas, plantas que no han llegado al final de su ciclo anual estando completamente sanas. Son muchas las muestras que hemos realizado durante los meses de julio-agosto y en estas fechas la planta está con sus brotes aún verdes esperando a los meses de octubre y noviembre para desprenderse su parte aérea y propagar las semillas.

Si el micelio del hongo coloniza esas raíces, bien porque las condiciones ambientales son propicias debido a alguna precipitación en forma de tormenta durante el verano; o bien, porque aportemos agua mediante algún riego, podremos observar que las plantas van perdiendo el vigor y llegan a secarse completamente antes de llegar a hacerlo en condiciones normales. Esto mismo también ocurre durante la primavera, la diferencia es que se observa en plantas que comienzan a moverse, las temperaturas más suaves en esas fechas hacen que broten cardos de las yemas adventicias de los rizomas de plantas que han estado latentes durante el invierno. Esas mismas condiciones han hecho que también el micelio del hongo encuentre las condiciones favorables y al igual que los cardos comienzan a moverse.

El resultado es una lucha feroz entre ambos organismos, el micelio por invadir la raíz y la raíz por desencadenar el proceso para producir nuevos brotes y comenzar un nuevo ciclo. El resultado suele ser fatal para el cardo y dependerá de si las condiciones ambientales son más favorables para la planta o para el hongo. En primavera es habitual ver algunas setas que han brotado y junto a ellas pequeñas ramificaciones de brotes de la planta al mismo tiempo. Los brotes se muestran débiles, apunto de marchitarse, estos cardos, más pronto que tarde, sucumbirán a medida que el micelio del hongo prospere y avance.

Ante esto no queda más que afirmar que el hongo **parasita** a la planta, pero no se conforma con nutrirse a sus expensas, el ataque es tan LETAL que llega a **MATARLA**. *Ver dos imágenes que lo ilustran en la pág. 125.*

Pensamos que pudiera tener una relación del tipo SAPROFITA solo si el micelio llega a raíces de alguna planta que haya llegado definitivamente al final de su vida por el transcurso de los años, o por el ataque de algún otro organismo. No podemos afirmar esta tesis, estamos trabajando para comprobar si esto ocurre realmente, en cualquier caso, esto no será lo habitual. Si ocurriera estamos ante un organismo en el que la relación con su planta huésped es parasito-saprofita.

En cuanto a que pudiera ser una asociación del tipo micorriza, la descartamos totalmente, ya que no existe una mutua aportación de beneficio entre ambos seres, máxime cuando la planta muere al ser invadida por el hongo. No entramos en detallar más este aspecto.

Diapositiva6. Ponencia "Producción de setas de cardo en su hábitat"

Pero si lo anterior puede ser un argumento controvertido, no lo es menos el tema que vamos a tratar ahora bajo el título **"¿Por esporas o por micelio?.**

¿Por esporas o por micelio?:

En el reino *fungii* al describir el ciclo de vida de los hongos superiores, los basidiomicetos (Basidiomycota) los que fructifican produciendo "setas", se describe el proceso de la germinación natural por esporas y se considera que la propagación de los hongos por este medio es el cauce natural, y se está en lo cierto, pero en el caso de nuestro hongo, el que produce la "seta de cardo", esto no es tan simple, ya que las esporas no germinarán al depositarse en cualquier sustrato, al menos en la naturaleza. El proceso solo podrá iniciarse si las esporas son depositadas exactamente en la RAIZ DE LA PLANTA ERYNGIUM CAMPESTRE.

Somos conscientes de que esto es una opinión arriesgada, pero han sido muchas las muestras y trabajos de campo que llevamos realizando con el único propósito de constatar y avalar este hecho.

La probabilidad de que algunas esporas lleguen a germinar justo en el lugar que ha brotado un cardo, es mínima. No debemos descartarlo, sin más, pero el proceso es bastante complejo y son muchos los parámetros que simultáneamente deben de acontecer, de forma simultánea y favorable, para que algunas de estas esporas germinen, se desarrollen las *hifas* produciendo el *micelio* y finalmente brote la *seta*.

No es un tema que vayamos a tratar en estos trabajos, requiere de una ardua tarea de investigación, damos por sentado la dificultad y la escasa probabilidad que existe de la propagación de esta variedad de hongo directamente de sus esporas en la naturaleza, al aire libre, en su hábitat. Partimos de un hecho que es fundamental y es, que la variedad de seta de la que estamos tratando, solo es silvestre si coloniza la raíz de la planta Eryngium campestre. Cualquier otra seta que brote bajo otro tipo de sostén, será otro hongo distinto al que nos estamos refiriendo en estos trabajos.

La <u>\<seta de mayo\></u>.

En otras regiones de nuestra geografía se la conoce con otros nombres, aquí en la comarca del *"Cerrato Palentino"* como *"seta de mayo"*. Con esta denominación sabemos que nos estamos refiriendo a la seta de cardo que brota en primavera. Es la misma que recolectamos durante el otoño, aunque en menor cantidad, y dicen, los *"seteros de la zona"*, que no tiene el mismo sabor que la recolectada en campaña en los meses otoñales, que es un poco inferior y que es algo más fibrosa. Es durante el mes de mayo cuando la podemos ver, de ahí el nombre. Dependiendo de las condiciones climatológicas recolectaremos algunos ejemplares a últimos de abril (tempranos) y primeros de junio (tardíos).

En primavera las precipitaciones suelen ser apreciables y las temperaturas no son extremas, son suaves. La seta de cardo para que brote necesita de esas condiciones para que el ciclo se complete y el hongo nos deleite haciendo aparecer los carpóforos, las setas. Las horas de luz han aumentado y no se esperan heladas continuadas, aunque pudiera haber alguna no muy severa en días aislados.

Los años en que las condiciones son las normales de esta época, al menos durante algunos días, podemos salir al campo y recolectar algunos ejemplares. Las cantidades serán muy inferiores a las recogidas durante los meses de otoño, pero en los terrenos "seteros" podemos satisfacer el capricho de ir a su encuentro y poder degustarlas.

¿Por qué brotan en esta época del año?

Teniendo muy presente que la seta de cardo brota al colonizar la raíz de la planta "cardo corredor", y que solo lo hace en esta umbelífera para que, efectivamente, sea esta la variedad de hongo, pensamos que lo hacen de cardos del año anterior, para ser más exactos, de raíces de cardos colonizados durante el otoño pasado.

Durante el verano y el otoño, el micelio del hongo se va expandiendo en busca de nuevas raíces sanas que invadir. Si las condiciones ambientales son propicias lo hace de forma continuada, llega a una raíz que coloniza hasta llegar a _**matar a la planta (la parasita)**_, el hongo completa el ciclo hasta darnos el fruto…<la seta>. Si antes de fructificar se producen condiciones adversas que impiden, o dificultan, su desarrollo, como pueden ser bajadas considerables de las temperaturas durante algunos días, cosa que suele ocurrir por esta zona durante noviembre y diciembre, el hongo sufre una especie de letargo impidiendo que veamos la magia de la brotación, no produce las setas; en síntesis, NO HA TRANSCURRIDO EL TIEMPO SUFICIENTE PARA COMPLETAR EL CICLO, Y POR TANTO NO FRUCTIFICARÁ.

Cuando las condiciones climáticas vuelven a ser favorables, el micelio se **"reactiva"**, y aunque el proceso necesita de un tiempo, si las condiciones son estables dan como resultado que se pueda completar el proceso antes de que las temperaturas sean demasiado elevadas (junio), en esas condiciones se producirá la eclosión de algunos ejemplares. La cantidad es muy inferior a las que podemos ver durante el otoño, son menos los días que se tienen para completar todo el ciclo. Una estimación puede ser entre el 10 y el 15% de la que se pueden recolectar en otoño. No todos los años son propicios, y pudiera ser que en algunos no veamos la "seta de mayo" por esas fechas.

En otoño las condiciones favorables se mantienen durante más tiempo -aprox. dos meses-, la raíz de la planta está en reposo, cuando es más vulnerable y fácilmente atacada por el micelio del hongo. El proceso dura entre 40 y 50 días desde que el micelio entra en contacto con una raíz hasta que llega a producir la seta. Estos son demasiados días en los que las condiciones climatológicas deben ser estables durante la primavera, de ahí el que no veamos muchos ejemplares.

Bien, resulta que tenemos dos seres muy dispares, uno pertenece al reino vegetal y el otro al denominado nuevo reino "fungii". Los hongos tienen alimentación heterótrofa, puesto que no pueden realizar la fotosíntesis al carecer de clorofila y las plantas **SI**. La clorofila es un componente básico de las plantas. Ambos organismos no se parecen en nada, ni fisiológica ni externamente, pero uno de ellos (el hongo) necesita al otro (la planta) para subsistir. Ambos pasan por periodos que denominaremos de "letargo" o "parada"; es decir, intervalos en los que su actividad vegetativa es muy reducida o nula.

Pensamos que en ambos organismo no debe de COINCIDIR en el tiempo la que denominaremos "parada", para que uno NO ejerza influencia sobre el otro. Siendo más claros en la argumentación, uno comienza su actividad si el otro está "parado".

Esto que pudiera parecer tan simple, no lo es tanto. **Existe una verdadera LUCHA entre estos dos organismos, ambos quieren completar su ciclo y el éxito depende de la debilidad del contrario.** Lo hemos comprobado en las numerosas prácticas de que hemos llevado a cabo durante estos años, hicimos un exhaustivo seguimiento "in situ" sobre hongos que han brotado en su versión "forzada" (inoculación). Para contrastar las observaciones hicimos el mismo seguimiento en los brotes que surgían de forma natural. Pudimos comprobar que el hongo se expande con un mayor vigor cuando la planta está al comienzo de su ciclo, o cuando está llegando al final.

Resumiendo, podríamos concretar que nuestro hongo nos proporciona el fruto en otoño, porque la planta que coloniza le ha dejado hacerlo y esto es porque no ha habido resistencia a la invasión, ya que en esas fechas la planta está en estado de reposo, no ha ofrecido ninguna resistencia para ser invadido por el micelio del hongo que, por el contrario, sí que está activo en esas fechas debido a las condiciones climatológicas favorables de la estación.

Para que veamos setas en octubre o noviembre, antes se ha entablado una lucha "encarnizada" durante los meses estivales, siempre que en esos meses se hayan producido precipitaciones suficientes que se suelen dar en forma de tormenta.

En verano las defensas de la planta y del hongo están bastante desequilibradas, el hongo es más fuerte, la planta ya está completamente desarrollada, está floreciendo, o ya lo ha hecho, y ha producido las semillas llegando al final de su ciclo anual, la parte aérea está SECANDOSE y su raíz no ofrece ninguna resistencia al hongo al estar con un bajo nivel de actividad.

¡UNA MUERTE ANUNCIADA!

Desaparición lenta y progresiva de la planta huésped.

CAUSAS DE LA PREOCUPANTE
DISMINUCIÓN DE LA PLANTA HUESPED

➡1.- El propio HONGO (Pleurotus eryngii, sp)

➡2.- El aprovechamiento intensivo de terrenos de cultivo "tradicional"

➡3.- Utilización de productos químicos.

➡4.- Cada vez menos terrenos en los que asentarse

➡5.- Desaparición del "pastoreo" (ovejas)

Diapositiva 7. Ponencia "Producción de setas de cardo en su hábitat"

Situamos en primer lugar al HONGO porque es el más novedoso, a la par que el <u>más preocupante</u>. Es una paradoja, pero tiene explicación. El hongo cuando invade la raíz de un cardo, se nutre de ella, lo hace incluso a bastante profundidad con lo que impide que el cardo pueda brotar otros años.

De ese cardo -restos de su raíz- quizás brote alguna seta, pero lo cierto, es que el **cardo HA MUERTO**.

Esto ya es preocupante, pero no termina ahí, la propagación de nuevas plantas se produce mediante la dispersión de semillas de otras que las producen. Hemos constatado que estas semillas, aún germinando, no producirán la planta en lugares en los que esté presente el micelio de este hongo. Quizás sí que veamos algunas pequeñas plántulas en un estadio muy incipiente, pero más bien pronto que tarde, se marchitarán y desaparecerán. El motivo es que el micelio del hongo está asentado en esas zonas y colonizará enseguida esas pequeñas raicillas impidiendo su desarrollo.

Las otras causas que hemos enumerado también inciden en que el Eryngium campestre se encuentre gravemente amenazado y explican por sí mismas, sin necesidad de entrar al detalle, el que cada vez sean menos los lugares en los que la podamos ver.

Esto nos plantea un problema aplicando la lógica, y no es otro que llegar a una conclusión poco optimista y nada alentadora...

[LA SETA DE CARDO SE EXTINGUE................]

No pretendemos ser alarmistas, pero pudiera ser que llegara a ocurrir, no a corto plazo, pero si en un futuro no muy lejano, ¿Cuánto?, no sabemos. Los que sois aficionados a recolectar este hongo os habréis percatado, que a medida que han pasado los años son menos los lugares en los que poder ir a recolectarlo. Recuerdo con nostalgia como bastaba con salir a las "eras", recorrer senderos y caminos, o pequeños perdidos cercanos al pueblo y hacerse con algunos ejemplares, ahora hay que alejarse mucho más y encontrar pequeños "oasis" recónditos y aislados para ver algunos ejemplares.

La seta de cardo es un recurso que nos proporciona la naturaleza, pero es un recurso **FINITO**, no estará disponible tal como ahora lo podemos encontrar y tampoco lo estará a perpetuidad. Podría llegar un día en el que vislumbrar algún ejemplar en el campo sea una tarea casi imposible, por no decir de mucha suerte.

Esto no ocurrirá porque se esquilmen los setales o rodales en los que brota, tampoco por el uso de alguna práctica que se considere no apta a la hora de recolectar, ocurrirá porque puede llegar un día en el que haya desaparecido la planta que parasita y le sirve de sustento, el <u>ERYNGIUM CAMPESTRE. El hongo se AUTODESTRUIRÁ.</u>

Lo dejo ahí, como he dicho no quiero ser demasiado pesimista, de ahí que los apartados siguientes estén enfocados a encontrar soluciones, ver cómo podemos contribuir a que esto no llegue a producirse y sigamos viendo, nosotros y nuestros hijos, esta maravillosa seta por nuestros campos, **en su hábitat.**

CREAR NUEVOS SETALES EN 3 PASOS

Vamos a crear los SETALES....

Diapositiva 8. Ponencia "Producción de setas de cardo en su hábitat"

En el libro *"Cultivar la seta de cardo en su hábitat natural"* tratamos este tema sin detallar el proceso de forma minuciosa. Hemos creído interesante tratar más a fondo el tema y describir con imágenes los pasos seguidos y que nos ha proporcionado tan buenos resultados.

Al comienzo del proyecto realizamos numerosas pruebas de inoculación en una parcela completamente vallada, pretendíamos forzar la introducción de este hongo en lugares en los que, existiendo la planta, nunca hubieran brotado setas. Igualmente consideramos la posibilidad de implantarla en otras parcelas en las que no existiera la planta. Este era, y sigue siendo, un reto en el que seguimos trabajando. A esta cuestión dedicaremos un apartado específico. Hemos utilizado la palabra INOCULACION, término que utilizaremos con frecuencia, para definir el proceso de forzar la propagación del hongo en lugares en los que nunca se han recolectado setas de esta variedad mediante la incrustación de micelio del hongo en la raíz de un cardo.

La palabra **inocular** acepta diversos sinónimos tales como: inyectar, inmunizar, vacunar, introducir, penetrar, implantar, transmitir, etc…. El vocablo inoculación lo definiremos como el proceso a seguir para implantar el hongo Pleurotus eryngii en aquellas raíces de la planta Eryngium campestre con la finalidad de que las colonice. Para ello utilizaremos el hongo en el estado vegetativo de MICELIO muy filamentoso y denso, fase en la que invade la planta con mayor probabilidad de éxito.

Debido a la importancia que tiene la planta, volcamos muchos de nuestros esfuerzos al estudio de su ciclo vegetativo, a saber más del "cardo corredor", pretendemos sembrarlo de forma intensiva en parcelas en las que no existía y en las que ya está implantado hacer que la densidad sea mayor. Llegamos a la conclusión de que si queríamos cultivar la seta, era imprescindible cultivar antes el cardo.

Conscientes de que no iba a ser una tarea fácil y que no íbamos a encontrar mucho apoyo, no hay nada documentado al respecto, nos centramos en como cultivar esta planta tan denostada y perseguida por nuestros agricultores. De hecho, todo lo que hemos encontrado va en el sentido contrario, a como eliminarla y hacerla desaparecer PARA SIEMPRE. Se la considera un enemigo muy perjudicial si convive con otras plantas que se cultivan.

El primer gran asunto a resolver era hacernos con las semillas. Como es lógico, no podíamos acudir a ningún almacén especializado, ni a pequeñas tiendas de venta de plantas, ni a viveros, para que nos vendieran semillas del "cardo". Tuvimos que hacer acopio acudiendo a parcelas no cultivadas en las que brotaba y esperar que llegara el final de su ciclo, cuando las semillas ya estaban completamente secas y antes de que el viento se llevara la parte aérea, se trataba de recoger las *cabezuelas* y procesarlas para hacer provisión de semillas de esta preciada planta... **[al menos para nosotros ...].**

No os podéis imaginar la "risa", y alguna "carcajada" disonante, que provocaba entre las personas que nos veían haciendo esta práctica, los comentarios eran en todo los sentidos, pero el más amable solía ser ¡Estáis LOCOS! ¡A quien se le ocurres esto...!. No nos resultaba fácil explicarlo y no cabe duda que tenían algo de razón, no resultaba fácil de entender.

Abarcamos una doble vertiente, por un lado, todo lo relacionado con la planta, y por otro, la producción de la seta. No ocultamos las dificultades del proyecto, pero **¿es que no merece la pena.? ¿se podía pensar que iba a ser una cuestión fácil..?.**

Sobre la siembra de la planta Eryngium campestre trataremos en otro apartado. Ahora, veremos como es en la práctica el proceso de inoculación sobre plantas ya existentes. Describiremos los sencillos pasos que hemos seguido en algunas plantas que hemos tratado en lugares en los que nunca se han recolectados setas de nuestra variedad. Los que os animéis debéis procurar hacerlo de forma aislada. Podemos hacerlo en una misma parcela inoculando en distintos puntos separados, o en varias, procurando que no estén muy distantes.

Veremos que no es nada complicado y que no requiere un gran desembolso económico, ni que dediquemos mucho de nuestro tiempo a esta labor.

No exagero al deciros, que experimentareis una gran satisfacción y placer al CONSEGUIRLO. Probar y veréis....

PASO 1

EL MICELIO QUE VAMOS A UTILIZAR

Diapositiva9. Ponencia "Producción de setas de cardo en su hábitat"

¿Qué es?

Micelio: Parte vegetativa del hongo. Está subterráneo y es el auténtico hongo. Su función es absorber del suelo los distintos compuestos orgánicos necesarios para alimentarse. En el caso de nuestro hongo lo necesario para alimentarse lo absorbe de la raíz del "cardo corredor". Está formado por un conjunto de filamentos blancos, hifas y septos. El micelio va creciendo en forma circular y va produciendo setas para su reproducción mediante esporas.

¿Qué son las setas? Las setas son el aparato reproductor de los hongos superiores. La seta es como si fuese la "fruta" del hongo, teniendo en cuenta que los hongos no son plantas ni animales.

Fuente: http://www.enciclopediasalud.com/definiciones/micelio

Sustrato iniciador. Mezcla de sustancias de las que se nutre el micelio del hongo Pleurotus Eryngii. Se suele comercializar en contenedor de vidrio de capacidad 1 a 2 L.

Diapositiva10. Ponencia "Producción de setas de cardo en su hábitat"

Aconsejamos, como inicio optar por la OPCIÓN 1. Es la que nos permitirá ver los resultados de forma más rápida y eficaz, aunque nos suponga algún coste. Está dentro de lo razonable, con 1 L. podemos realizar hasta 40 inoculaciones.

Pensemos que si lo hacemos en lugares en los que exista gran densidad de plantas podremos recolectar setas durante algunos años.

El micelio nos lo pueden suministrar en distintos formatos contenedores, en bolsas de plástico, tarros de cristal, etc.

El contenido es lo que denominaremos *"SUSTRATO INICIADOR"*, lleva el MICELIO del hongo con algunas sustancias que le sirven como alimento para desarrollarse por todo el recipiente. El componente principal será algún tipo de cereal -avena, centeno, trigo, cebada, arroz, etc.- al que se le habrá añadido algún otro componente en menor cantidad para favorecer la expansión y conservación. Como es obvio, estas sustancias no son facilitadas por las empresas suministradoras, lógico si pensamos que quizás sus ingresos provienen de la venta de estos productos. Actualmente estamos inoculando plantas con micelio preparado por nosotros. Los resultados no son definitivos y hemos conseguido algunas muestras que han proporcionado resultados POSITIVOS muy alentadores. Seguimos trabajando para conseguir tiempos de reacción más cortos y rendimientos aceptables. Después de este preámbulo pasamos a describiros la opción 1 que es por la que nos iniciamos.

Una vez recibido el pedido - comenzar con la compra de 1 L., ya tendremos tiempo de pedir más si lo necesitamos- es el momento de comenzar. Si no lo vamos utilizar en ese día o vamos a dejar que transcurran algunos porque no tenemos decidido los lugares en los que inocular, lo podemos conservar un tiempo en nuestro frigorífico de casa procurando tenerlo separado de los alimentos. La temperatura de conservación estará en torno a los 4 ºC, si está a dos o tres grados menos, mejor. El tiempo que lo podemos conservar sin utilizarlo no lo sabemos a ciencia cierta, nosotros hemos utilizado micelio que ha estado en esas condiciones de conservación más de 3 meses y los resultados han sido positivos. Nos aconsejarán que no exceda de quince días, en este tiempo ya habremos preparado los puntos donde queremos inocular. El micelio a la temperatura de conservación se habrá "parado" y se volverá a reactivar casi de inmediato al retirarlo y pasarlo a la temperatura ambiente. En todo caso, procurar que esté en un lugar con poca luz.

La OPCIÓN 2 la dejaremos para aquellos de vosotros que posean alguna noción de los pasos a seguir para hacer nuestro propio micelio; bien, porque hayan probado y conseguido preparar micelio de otras variedades de hongos, o porque os apetezca probar. Hoy en día hay mucha información por internet sobre cómo realizar los "protocolos" para hacer nuestros propios micelios y cultivar distintos hongos en casa.

En el libro *"Cultivar la seta de cardo en su hábitat natural"* describimos algunas fórmulas que os pueden ayudar.

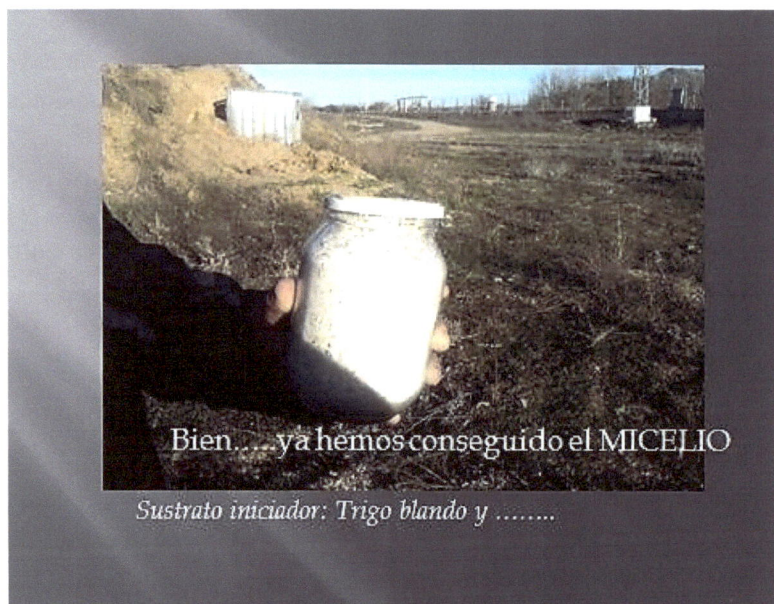

Diapositiva11. Ponencia "Producción de setas de cardo en su hábitat"

Esta es la apariencia externa que tiene el micelio. El tarro es de cristal y la capacidad es de aproximadamente un litro. Si no tiene restos de alguna contaminación observaremos una masa más o menos compacta de color blanco, son las fibras de micelio entrelazadas ocupando todo el espacio del frasco. Entre ellas veremos el sustrato del que se está alimentando que puede ser algún cereal como el trigo, la cebada, centeno u otro....

Si observamos alguna zona del tarro con otras coloraciones nos debemos de preocupar porque estará contaminado, habrá otros seres no deseados que también han colonizado el sustrato. Esto también nos lo indicará si al abrir el recipiente detectamos malos olores. Pueden ser otros hongos, aunque lo más probable es que sea por bacterias.

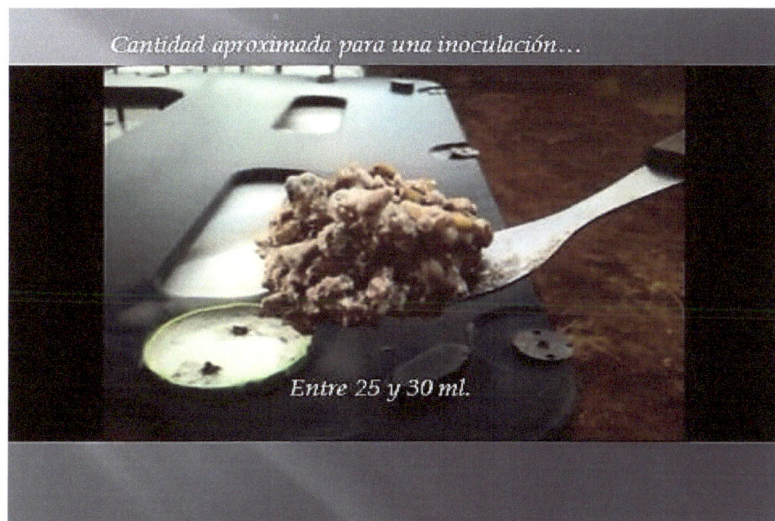

Diapositiva12. Ponencia "Producción de setas de cardo en su hábitat"

Aquí podemos ver la apariencia   y la cantidad que estimamos suficiente a incorporar en cada una de las inoculaciones. No conviene que tengamos abierto el tarro contenedor mucho tiempo, será el imprescindible para su manipulación, retirar la cantidad que deseemos utilizar en cada muestra. Abrir, extraer lo necesario y cerrar inmediatamente hasta que procesemos la siguiente muestra. Es cierto que en esta fase de desarrollo el micelio se ha hecho lo suficientemente fuerte para que no temamos la contaminación por otros microorganismos, pero no conviene que el recipiente lo tengamos abierto demasiado tiempo y que entren elementos extraños no deseados porque pueden dar al traste con nuestro micelio.

PASO 2

EN BUSCA DEL LUGAR ADECUADO

Diapositiva13. Ponencia "Producción de setas de cardo en su hábitat"

Habrán de estar escogidos antes de disponer de nuestro micelio, no es que sea imprescindible pero si ya tenemos definidos los lugares en los que procederemos, mejor que mejor. No es necesario que las plantas sean de gran porte, es suficiente que la densidad de plantas sea buena y que no existan grandes "calvas", descartaremos plantas aisladas aunque tengan un buen tamaño, es conveniente que haya algunas muy juntas unas a otras, el micelio tiene que desplazarse a distancias cortas.

La mejor época del año para decidir las plantas sobre las que vamos a trabajar es durante los meses de junio o julio, la planta está en plena floración y su parte aérea aun verde. En esos meses estivales, el resto de vegetación espontánea se ha secado y lo que veremos será Eryngium campestre erguidos, destacando los que tienen el tallo que producirá las semillas.

Fvg - (06/2013) Parcelas con muy buena densidad de *Eryngium campestre*.

A finales del mes de junio en tierras de labor no cultivadas que se han dejado de barbecho durante algunos años.
Una buena densidad de cardos estaría entre las 8 ó 9 plantas por m2.

Cumplen con los requisitos que necesitamos y tenemos la certeza que nunca hemos recolectado

Excelentes terrenos con muy buena densidad de plantas….

Diapositiva14. Ponencia "Producción de setas de cardo en su hábitat"

Ambas imágenes del libro *"Cultivar la seta de cardo en su hábitat natural"*.

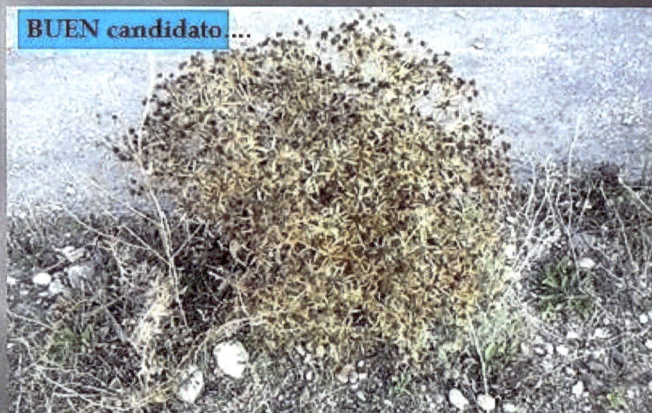

BUEN candidato …

Inocularemos sobre cardos que estén llegando casi al FINAL de su ciclo ANUAL

Diapositiva15. Ponencia "Producción de setas de cardo en su hábitat"

El cardo esta secándose y hay una buena densidad. Este es un buen lugar.....

Diapositiva16. Ponencia "Producción de setas de cardo en su hábitat"

Lo más importante es que dispongamos de información en relación a que en los terrenos en los que vamos a realizar nuestras prácticas no se han recolectado setas, que no lo hemos hecho nosotros y no hemos visto a otras personas hacerlo, deben ser lugares vírgenes aunque en ellos se pudieran ver otro tipo de hongos. Para asegurarnos puede ser una buena idea preguntar a personas del lugar, personas que todos los años recolectan este tipo de seta. Es bueno hablar con pastores que veamos pastando el rebaño, son buenos conocedores de lo que hay, o no hay, en cada rincón de los terrenos por lo que pasan.

Si las zonas están algo distantes será bueno que observemos si hay lugareños que merodean buscando setas en plena campaña, nos podemos acercar y preguntarles abiertamente si ellos han recolectado setas en esos sitios que no conocemos y no poseemos referencias.

PASO 3

INOCULACION

Incorporación de MICELIO en la raíz del CARDO

SELECCIONAR LOS "CARDOS"
DEPOSITAR EL MICELIO EN LA RAÍZ
TAPAR EL HUECO Y REGAR

Diapositiva16b. Ponencia "Producción de setas de cardo en su hábitat"

Descubrimos la raíz de los cardos seleccionados a una profundidad de aprox. 10 cm.

Diapositiva17. Ponencia "Producción de setas de cardo en su hábitat"

A veces nos podemos encontrar con raíces de varios ejemplares . Esto es lo IDEAL

Diapositiva18. Ponencia "Producción de setas de cardo en su hábitat"

Extraemos uno 25 ml de micelio del tarro y lo fijamos alrededor de la raíz en su parte inferior....

Diapositiva19. Ponencia "Producción de setas de cardo en su hábitat"

Nos podemos ayudar de un tenedor de los que utilizamos en cocina.

Micelio fijado alrededor de la RAIZ

Diapositiva20. Ponencia "Producción de setas de cardo en su hábitat"

Como ya hemos comentado las fechas idóneas son julio o agosto en cardos que estén llegando al final de su ciclo, los distinguiremos porque su parte aérea está empezando a marchitarse. En estas fechas todavía las plantas más vigorosas están verdes, **no importa.**

Hay que hacerlo en el momento que la planta no esté muy ACTIVA, que esté en periodo de reposo o comenzando.

Practicamos algunas inoculaciones durante la primavera y los resultados no fueron los deseados. La planta está en pleno desarrollo, es fuerte y vigorosa, pensamos que en estas condiciones el cardo desarrolla todas sus DEFENSAS, por lo que el hongo encuentra muchas dificultades para invadirlo.

En las fechas que proponemos la raíz está poco activa y el micelio encuentra menos resistencia para colonizar la raíz, pensemos que se establece una "lucha", la planta se defiende y el hongo ataca, el resultado de ese combate depende del estadio en el que se encuentre la raíz. Una cosa es cierta, el hongo es **muy AGRESIVO** y tiene ventaja cuando el cardo no está muy ACTIVO.

La estructura de la raíz está compuesta por tres capas bien diferenciadas, la que denominamos "corteza" o zona exterior, es delgada pero muy consistente y dura, se asemeja a la corteza de los árboles, la zona intermedia de color crema, es blanda y porosa y la zona interior más dura y fibrosa.

El micelio comienza la colonización a través de la zona externa que como hemos mencionado es muy resistente en aquellas plantas de algunos años. Para inocular conviene ir provistos de algún instrumento cortante -por ejemplo, una pequeña navaja- con él haremos una pequeña herida a la raíz en la zona que queremos depositar el micelio, esto facilitará que el micelio penetre en el interior de la raíz con más facilidad.

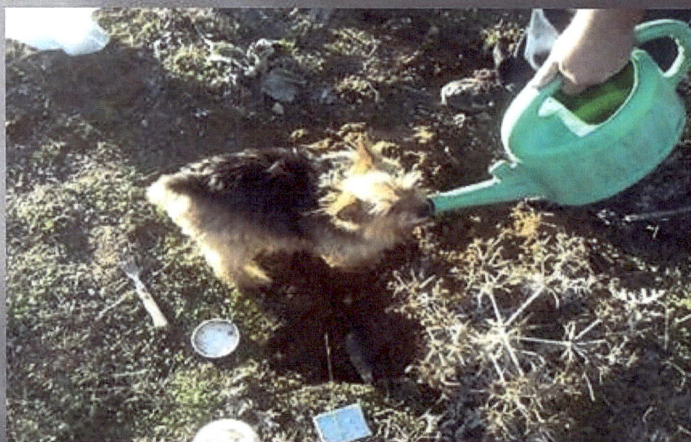

Una vez terminado el proceso tapamos el hueco y regamos ligeramente para hidratar

Diapositiva21. Ponencia "Producción de setas de cardo en su hábitat"

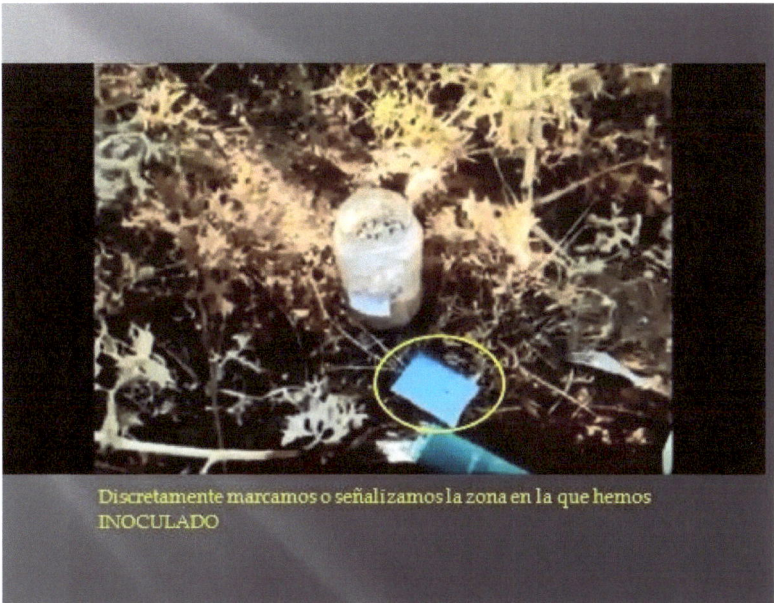

Diapositiva22. Ponencia "Producción de setas de cardo en su hábitat"

Para saber con certeza el lugar exacto en el que hemos inoculado, conviene establecer algún sistema que nos ayude a localizarlo, en nuestro caso hemos utilizado un trozo de "azulejo" de color azul situado al lado de la planta en la que hicimos la práctica.

Parece una obviedad, pero es muy útil y necesario, ya que en esas fechas la parte aérea de las plantas estará todavía visible, pero cuando volvamos al lugar para ver si han brotado setas puede que ya no esté, habrá desaparecido por la acción del viento y nos será prácticamente imposible que recordemos el punto exacto en el que realizamos el inóculo. Recordemos que el micelio se desplaza a distancias cortas y si no ideamos algún sistema de localización, cuando hayan sido muchas las plantas procesadas, perderemos algunas simplemente porque no se nos han pasado por alto.

ZONAS DE PRÁCTICAS.

Comenzamos los trabajos en el verano del 2012. Depositamos el micelio en diversas zonas en las que, existiendo la planta Eryngium campestre, nunca se habían recolectado setas. Tuvimos que asegurarnos de que fueran terrenos vírgenes, hablamos con personas que durante toda su vida habían recolectado esta seta y, que siendo del lugar, nos confirmaran que en los puntos que habíamos seleccionado nunca se había recogido ejemplares de esta variedad, setas de cardo.

A fecha de la publicación de este trabajo han sido ya más de 300 los puntos en los que hemos realizado prácticas. Hemos recorrido lugares distantes unos de otros, hemos abarcado grandes zonas situadas en distintas localidades del "Cerrato" Palentino, en terrenos muy dispares en cuanto a la composición organoléptica del suelo, solo nos hemos preocupado que tuvieran en común que estuviera asentado "el cardo corredor" y que la densidad de plantas fuera significativa, descartábamos plantas aisladas aunque tuvieran un gran tamaño.

Hemos realizado periódicas visitas de observación y control en distintas épocas del año para monitorizar los resultados de todos los puntos seleccionados. En los más de 300 hemos podido constatar que han empezado a brotar setas y que se están expandiendo los "setales". **Esto nos ANIMA…..**

Nota: *Si estáis interesados en conocer algo más sobre los resultados que se obtuvieron, y otros datos de interés, los describimos ampliamente en el libro "Cultivar la seta de cardo en su hábitat natural" que salió editado en 2015. Se puede conseguir en la plataforma de ventas editoriales de AMAZON y CreateSpace haciendo la petición vía internet.*

ZONA CONTROLADA - DIFERENCIACIÓN -

Una breve descripción de la finca en la que iniciamos el proyecto.

Plano general de la parcela.

Diapositiva23. Ponencia "Producción de setas de cardo en su hábitat"

SITUACION.

Está situada en el término municipal de Tariego de Cerrato (Palencia). Tiene una extensión de 2 Ha. y está completamente vallada en todo su perímetro. Colindante con ella hay otra de 0,6 Ha. en la que se realizará la siembra de "cardos" y otras experimentaciones con esta planta.

El Termino Municipal de Tariego de Cerrato está encuadrado en la provincia de Palencia, Comunidad Autónoma de Castilla y León. Está ubicado a 41º 54' 16'' N y 04º 28' 48'' O, pertenece a la Comarca del Cerrato Palentino situado al suroeste de la provincia de Palencia. Se encuentra a 14 km de la capital, en dirección Valladolid. Este municipio limita con las siguientes localidades: al norte con Dueñas, al sur con Cevico de la Torre, al noreste con Hontoria de Cerrato y al noreste con Venta de Baños. Cuenta con una superficie de 20,68 Km2 y una densidad de población de aproximadamente 25,58 hab./Km2.

El recinto que dedicamos al proyecto cumple con muchos de los parámetros que necesitábamos para realizar nuestras pruebas, en especial inocular plantas en las zonas en las que nunca habíamos recolectado la seta.

Finca muy desigual en la composición del suelo. Característica que perseguíamos, necesitamos distintas composiciones estructurales del terreno para realizar los contrastes necesarios.

En la parcela ya se habían recolectado setas pero siempre en los mismos enclaves, había grandes zonas en las que nunca se habían brotado. Es en estos puntos donde realizamos las primeras inoculaciones. Actualmente brotan s en toda la parcela.

La planta, aunque de forma desigual, crecía en toda ella y el porte de los cardos era mucho más vigoroso que los que se podían ver por los alrededores.

Disponíamos de agua almacenada en pequeños embalses artificiales alimentados de las filtraciones por escorrentía, cuestión ésta muy importante ya que hicimos algunas aportaciones hídricas con riegos en período estival, pretendíamos con estos aportes adelantar la producción. Se consiguió. La campaña se adelantó en más de 1 mes en los lugares que aportamos suministro hídrico durante julio y agosto.

Bien, esto no está al alcance de cualquiera, reconocemos la idoneidad de nuestro "campo de operaciones" ahora que ha pasado algún tiempo. En esta parcela seguimos trabajando con resultados bastante satisfactorios en todos los programas que estamos emprendiendo.

A fecha de hoy (2016) hemos inoculado plantas en otras parcelas fuera de la principal vallada -más de 300-, en lugares muy distantes unos de otros. Como es obvio, en estos lugares no se consigue ningún adelanto de la producción ya que no regamos, pero estamos comprobando que el porcentaje de éxito es elevado si la climatología acompaña. Seguimos realizando un seguimiento exhaustivo sobre todas estas zonas.

Estamos trabajando en nuevas líneas de investigación que han ido surgiendo con el transcurso del tiempo en otras parcelas colindantes. Estas no están protegidas mediante vallado o similar.

Monitorización de un parterre en regadío.

En la parcela, dentro de la zona que viene señalizada como "ZONA NO PRODUCTORA DE SETAS" en el plano, en la temporada 2014, seleccionamos un parterre de unos 70 m2. e inoculamos en 12 plantas. Esta no será la proporción superficie/nº de plantas que adoptemos si queremos probar en parcelas de una mayor extensión. Estimamos que puede ser una planta inoculada por cada 30 m2. si la densidad de cardos es homogénea.

En esta sub-parcela pretendíamos evaluar cómo avanzaba el micelio y si, efectivamente, al disponer de la posibilidad de adicionar algún riego durante los meses de verano, se adelantaban significativamente las recolecciones. Destacamos como un hecho importante a considerar el que a finales del mes de agosto empezáramos a recolectar algunos ejemplares y que las cantidades obtenidas durante estas dos campañas hayan sido importantes en relación a la poca superficie de control. Quizás estos datos se puedan extrapolar a superficies mayores.

En el cuadro que vemos más abajo se pueden ver los resultados obtenidos hasta el segundo año. En el tercero, aunque no esté agotado totalmente el parterre, la producción será mucho menor. En vista de los buenos resultados en casi la totalidad de las muestras, estamos sopesando cultivar la seta en régimen extensivo. Los resultados que se van obteniendo nos indican que esto puede ser posible y que los rendimientos económicos que se pueden derivar son importantes y muy a tener en cuenta.

Es mucho el camino a recorrer y creemos que en ese camino nos encontraremos con algunas dificultades de no fácil solución, pero el reto lo merece, y en ello estamos.

Cultivo de la seta de cardo en su hábitat natural

Seguimiento y resultados obtenidos en el parterre

- Superficie monitorizada: 70 m2.
- Densidad de plantas: Media de 8 por m2
- Tamaño: Medio
- Cardos inoculados: 12
- Fechas de INOCULACION: Mediados de JULIO/2014
- Riegos: 3 en verano 2014 y 3 en 2015. Aspersión
- Comienzo de las primeras BROTACIONES: Finales de agosto.
- Duración temporada de otoño: Hasta mediados de noviembre.
- Recolección primer año: aprox. 3 Kg.
- Recolección segundo año: aprox. 5 Kg.
- Pérdidas por agentes EXTERNOS: 15%
- AGOTAMIENTO del parterre TERCER año.

Diapositiva 24 .Ponencia "Producción de setas de cardo en su hábitat"

Algunos ejemplos de lo que se está consiguiendo:

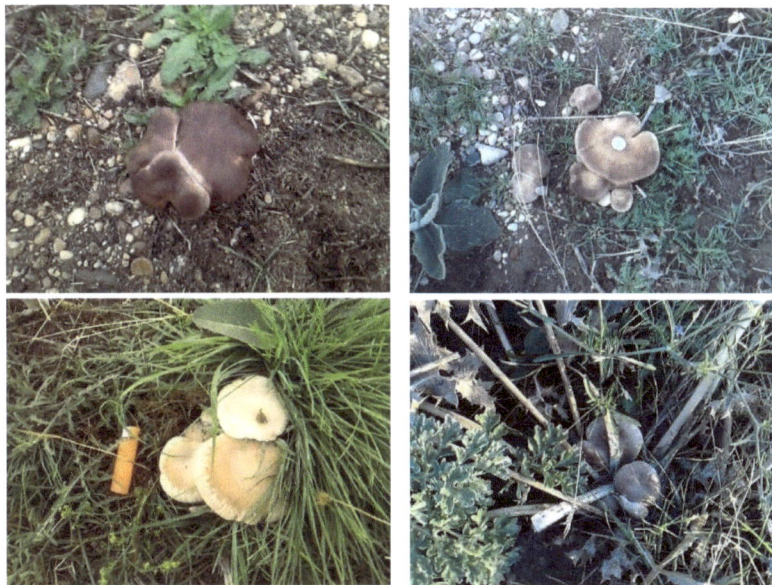

Fvg.- Ejemplares que han fructificado de forma aislada.

Fvg.- Excelentes setas recolectadas a finales de agosto/2015.

LA IMPORTANCIA DE RECOLECTAR EN AGOSTO.

Es sabido por los aficionados a recolectar esta seta que la empezamos a ver en octubre dependiendo de si ha habido, o no, algunas precipitación durante julio y agosto -al menos en la comunidad de Castilla y León-, y que la dejamos de ver por nuestros campos normalmente a últimos de noviembre o primeros de diciembre aunque sigan brotando algunos ejemplares aislados, que de forma tardía, nos deleitan por navidad. Es cierto que las fechas de comienzo y final pueden variar ligeramente dependiendo de la zona geográfica en la que nos encontremos y si el año ha sido favorable en cuando a que hubiera habido alguna precipitación estival. El mes de Julio es crucial, si durante los meses de julio y agosto tenemos algunas precipitaciones, podemos aventurarnos y augurar que la campaña se presenta BUENA, se pueden recolectar algunos ejemplares ya en la segunda quincena del mes septiembre.

Al igual que muchos de vosotros hemos recolectado algunas setas en navidad, incluso en enero, pero coincidiremos en que no es lo normal. Por estas tierras del centro de la península ya a primeros de diciembre se han producido algunas heladas, que aunque no severas, si persisten durante algunos días seguidos hace que el micelio se *"pare"*. Las que han aguantado llevan bastantes días en el terreno y es una gran cantidad las que están *"agusanadas"* por el alto grado de humedad.

Bien, dicho lo anterior, podemos también coincidir en que sería una cuestión muy a tener en cuenta el poder recolectar las primeras setas en agosto. Tiene importancia porque, de conseguirlo, degustaremos este hongo en fechas en las que todavía no se han empezado a ver, sin despreciar la vertiente económica de querer comercializar la seta en fechas en las que no están en el mercado. Esta vertiente económica no es una cuestión menor que se deje pasar por alto, todos sabemos los precios que pueden alcanzar si acertamos con la línea de distribución adecuada y el consiguiente valor que puede alcanzar la seta de cardo en fechas tan tempranas. Lo dejamos ahí, creo que se entiende lo que queremos decir. Insistimos que estamos hablando de LA SETA DE CARDO SILVESTRE, no de la cultivada en otros sustratos.

Sin embargo, existen algunas cuestiones que vamos a enumerar, aunque sea superficialmente, si pretendemos seguir esta línea.

Veamos...

- *Hay que disponer de terreno que denominaremos "ociosos", poco productivos.*
- *Deben de estar provistos de alguna protección, por ejemplo, vallado.*
- *Debemos de sembrar la planta y realizar las labores culturales pertinentes.*
- *Lo más importante, disponer de agua para la aportación hídrica necesaria durante el mes de julio principalmente. Esto en el caso probable que no tengamos precipitaciones en ese mes.*
- *Si debido a la superficie dedicada pretendemos alcanzar una producción vaya más allá conseguir una producción que satisfaga todas nuestras necesidades, habrá que programar como distribuir el producto; es decir, como comercializarlo abriendo canales para su venta.*

EVOLUCION DE UN

SETAL

CREACIÓN DE UN SETAL. EVOLUCIÓN (1)

EL PRIMER AÑO.- Mediados de Julio

Fuente: Anexo tomado del libro *"Cultivar la seta de cardo en su hábitat natural"*

CREACIÓN DE UN SETAL. EVOLUCIÓN (2)

Finales de Agosto

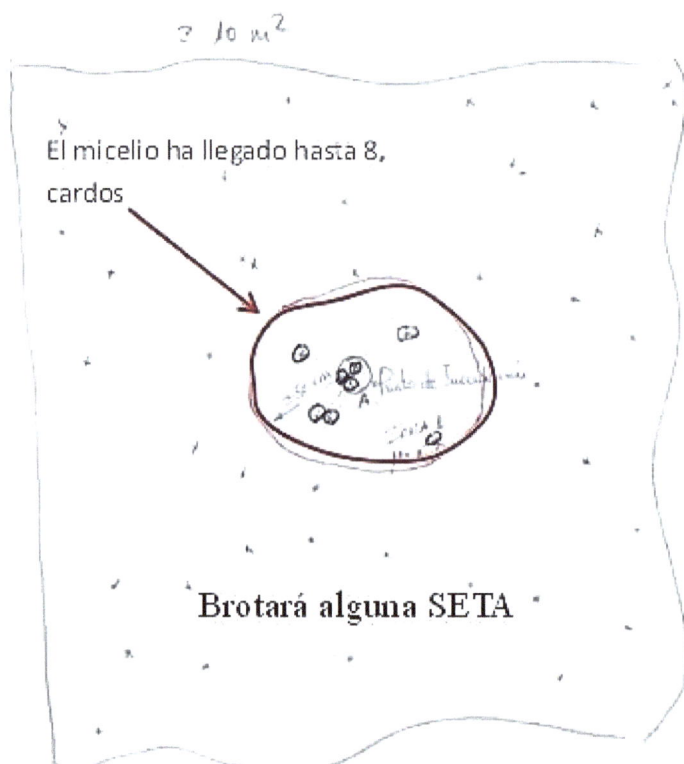

El micelio ha llegado hasta 8, cardos

Brotará alguna SETA

CREACIÓN DE UN SETAL. EVOLUCIÓN (3)

Segundo año

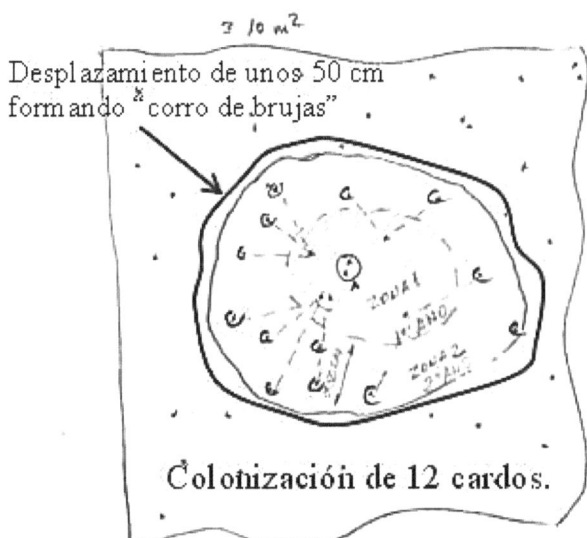

CREACIÓN DE UN SETAL. EVOLUCIÓN (4)

Tercer año

FORMACION EN

CORRO DE BRUJAS

¿Qué entendemos como "corro de brujas" en Micología?

También conocidos como **Anillos de hadas**

De Wikipedia, la enciclopedia libre

Crecimiento de hongos formando un definido círculo [No es nuestra seta..]

Los **anillos de hadas** (también conocidos como **corros de brujas** y otros nombres de origen mitológico) son anillos de crecimiento diferencial de la vegetación producidos naturalmente por distintas clases de hongos.

Estos anillos crecen normalmente con un diámetro de hasta 10 metros (aunque parece haber casos de hasta 70 metros, e incluso 800 metros). Suelen encontrarse en bosques. Los anillos de hadas no son sólo detectables por esporocarpos en anillos, sino también anillos de alto crecimiento del pasto, o por el contrario de bajo crecimiento o completamente áridos.

Estos anillos ocupaban un lugar importante en la mitología europea, en el que se sostenía que eran puertas a reinos de las hadas, o lugares donde habían bailado hadas, duendes, o brujas.

También se dice que existe una relación entre el diámetro del anillo con la edad del mismo. Entre más grande el anillo, más edad tiene. Esto debido a que el hongo crece rápidamente y los micelios crecerán en donde está el hongo.

Leyendas "Corros de Brujas"

Una vieja leyenda cuenta que en las noches de luna llena, las hadas gustan reunirse en lugares alejados de toda presencia humana y danzar jubilosas en círculos en los prados circundados de bosques. Los sapos de los charcos cercanos se sientan extasiados alrededor de las hadas danzantes a contemplar su fantástico baile; en la mañana siguiente doquiera que se haya sentado un sapo aparece un hongo, formándose un hermoso círculo. Si los sapos que asistieron a la danza de las hadas eran venenosos los hongos serán tóxicos; si no eran peligrosos los hongos serán comestibles.

La gente creía, como afirma nuestra leyenda, que esos corros los producían las hadas al danzar y que cualquiera que se detuviera dentro del círculo estaría bajo su encanto.

Los irlandeses comenzaron a llamar a estas formaciones circulares de hongos, "fairy rings" que traducido al español significa "anillo de hadas". En Francia, nadie debía entrar a un corro de hadas (cerclé de fées) porque se decía que podía ser atacado por r enormes sapos venenosos. En Italia, desde hace mucho tiempo asocian estas formaciones fúngicas con el aquelarre de las brujas y las conocen como "cerchi delle streghe" (Cereijo et al. 2001).

No fue hasta finales del siglo XVIII cuando se conoció finalmente la verdad sobre los corros de hadas. Los corros son causados por el crecimiento circular de ciertos hongos, ya que no todas las especies de hongos crecen así; algunos hongos crecen en línea, otros sin un patrón definido.

Fuente: http://setasguarena.blogspot.com.es/2008/06/curiosidades-corros-de-brujas.html

¿Y nuestro hongo? ¿forma el llamado "corro de brujas"...?

El hongo Pleurotus eryngii también forma el llamado "corro de brujas" en su propagación. Os mostramos como lo hace, para lo cual hemos monitorizado lo que ha ocurrido durante los últimos cuatro años en una de las primeras inoculaciones que realizamos. Empezamos seleccionando un punto en el que la densidad de cardos era considerable y, como hemos comentado en repetidas ocasiones, nos aseguramos de que no habían brotado nunca setas.

Inoculamos una planta a medidos de julio del año 2012 y regamos la zona en intervalos de 10 días aproximadamente. En la última semana de agosto brotó la primera seta sobre el cardo inoculado.

En los meses de septiembre y octubre seguimos recolectando bastantes ejemplares, de buen tamaño y sanos, en esas fechas no había empezado la campaña por la zona, en principio habíamos conseguido un adelanto considerable de lo que se consideraba normal en la zona debido a la climatología. El mes de septiembre fue de muy escasas precipitaciones y tuvimos que realizar un aporte hídrico a mediados de mes, no queríamos que esa escasez hídrica hiciera que el micelio del hongo entrada en "parada" - letargo-. En octubre ya no fue necesaria la aportación de riegos complementarios. Este primer año no nos percatamos de que los ejemplares que íbamos recolectando formaran círculos; sin embargo, en las campañas posteriores cuando la expansión del setal se hizo mayor, se apreciaba de forma nítida que al propagarse el micelio del hongo, al fructificar con la aparición de los sombreros, estos formaban un círculo bastante bien definido.

En las siguientes imágenes mostramos algunos aspectos interesantes acerca de cómo se configuraba el SETAL. Se aprecian setas describiendo un círculo, la coloración de los carpóforos es blanca debido a las fechas en las que se estaban recolectando, recordemos que con los riegos habíamos adelantado más de un mes la producción.

Esta pequeña superficie, a la que hemos dedicado todo este tiempo, nos está ofreciendo un sinfín de singularidades abriendo nuevas líneas de investigación que nos clarifican muchos aspectos sobre el comportamiento del hongo y de la planta.

Nos ha dado la oportunidad de contemplar la "cara" más negativa de lo que ocurre realmente. Dábamos por sentado que el hongo eliminaba a la planta y que este hongo sólo producía seta si colonizaba la raíz del cardo corredor. Era obvio, que al expandirse arrasaba literalmente con los cardos de la zona que había colonizado. Siendo así, vimos la conveniencia de repoblar esos puntos con nuevas plantas. En la primavera del tercer año trasplantamos algunas plantas -50- que habíamos conseguido de la nacencia de semillas en pequeñas macetas de vivero forestal, eran plantas con un buen porte y una configuración radicular espesa y bien ramificada.

Prendieron sin dificultad un gran porcentaje de los trasplantes que hicimos; sin embargo, el crecimiento vegetativo de las plantas no se estaba produciendo como hubiera sido lo deseado. Las plantas, sin llegar a marchitarse, se habían PARADO y NO ofrecían signos de un crecimiento normal.

Seguimos trabajando en el parterre centrándonos en conseguir repoblarlo con nuevas plantas. Estos problemas de repoblación de la planta en terrenos en los que ha estado asentado el micelio de este hongo avalan la tesis que por la que pensamos que la "seta de cardo" silvestre podría llegar a EXTINGUIRSE. ¡SI NO HAY PLANTA NO HAY SETA..!

*Fvg.-Primer año. Se inoculó en el punto marcado con **X***.

Fvg.- Se aprecian los anillos que se formaron en la expansión del setal hasta el 4º año.

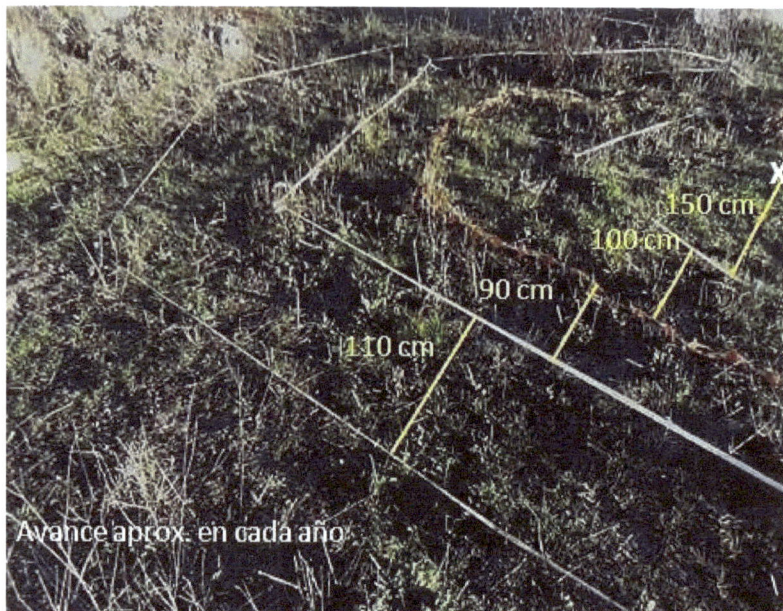

Fvg.-Superfice en la que han recolectado setas, 65 m2 aproximadamente. En el interior de los anillos no han vuelto a brotar cardos.

Fvg.- En los 4 años se ha desplazado el "corro" describiendo un radio de unos 4,5 metros.

Fvg.- *Numerosos ejemplares describiendo un corro al cuarto año. Brotes a finales de agosto del 2015.*

Fvg.- *En otra sección de la zona delimitada. En esas fechas las setas adquieren tonos claros, casi completamente blanco, en la cutícula debido a la estación. Recordemos que no ha entrado el otoño. Las temperaturas todavía son elevadas con muchas horas de sol y luz que influye en la tonalidad de los carpóforos.*

SIEMBRA DEL *"CARDO CORREDOR"*

·

Hemos visto como forzar que broten setas en terrenos en los que la planta eryngium campestre ya estaba asentada; es decir, había cardos. Podían ser grandes superficies o pequeños espacios.

En este apartado dedicamos un espacio a un tema importante, como es, "la siembra del cardo corredor", la siembra de la planta sin la cual este hongo silvestre no existiría.

Si nos planteamos hacer esto de una forma seria y a mayor escala, porque nos parece un reto interesante o, porque no, queremos sacar algún rendimiento económico produciendo esta seta en su variante SILVESTRE, necesitamos disponer de algún terreno que podamos dedicar a la siembra de la planta.

Si no tenemos terrenos "ociosos", poco productivos, o sencillamente no somos dueños de ningún terreno propio, que será lo que realmente nos puede ocurrir, podemos empezar con extensiones algo menores, por poner un ejemplo se me ocurre de 1000 metros cuadrados. Podemos alquilar alguna parcela, o que algún agricultor o conocido nos la ceda. Otra cuestión que surge, no menos importante, es que nos debemos de plantear que esos espacios deben de estar vallados o protegidos de alguna manera para que tengamos la certeza de que vamos a ser únicamente nosotros los que nos beneficiemos del fruto de nuestro esfuerzo. Pasará algún tiempo desde que comenzamos con la siembra de la planta hasta que recolectemos setas en esas parcelas. Lo cierto, es que cuando empecemos a producir tendremos que haber previsto lo que hacer si no lo hemos hecho antes.

¿Qué entendemos por terrenos OCIOSOS?

Terrenos poco fértiles, poco productivos para dedicarlos a la explotación de un cultivo tradicional, en definitiva, terrenos no rentables para otros usos. Está demostrado que el eryngium campestre es una planta no muy exigente en cuanto a sus necesidades, en principio, solo nos debemos de preocupar de que estén en terrenos soleados.

Lo realizado…..

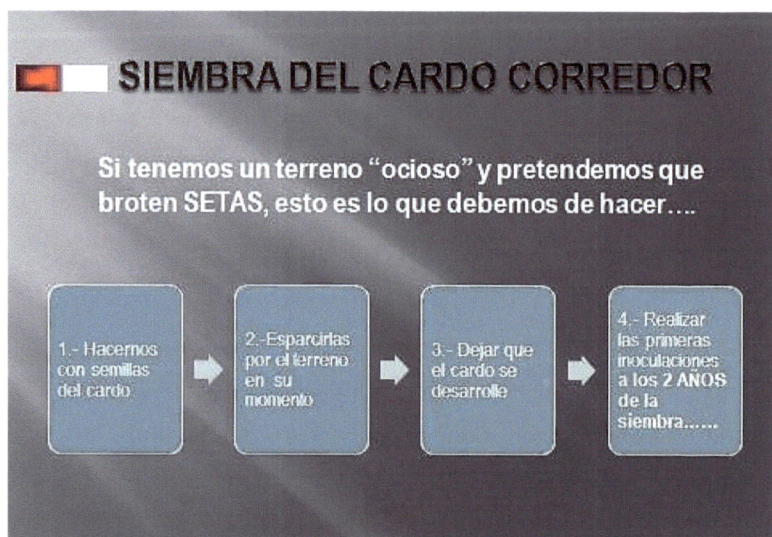

Diapositiva25. Ponencia "Producción de setas de cardo en su hábitat"

Diapositiva26.Ponencia "Producción de setas de cardo en su hábitat".

Limpieza y selección

Cardos a procesar para sacar el máximo de SEMILLAS. Deben de estar bien secos.
Se desprenden FACILMENTE.

Cribamos ayudados de una malla. Intentamos retirar los tallos, restos de hojas y "pinchos".

Semillas con algún resto vegetal de la planta LISTAS para utilizar o almacenar.

Diapositiva27. Ponencia "Producción de setas de cardo en su hábitat".

Plantas para trasplante

Excelente desarrollo de plantas que se han tenido bajo control en semilleros bajo CUBIERTA.

Se llevan a zonas o parterres que previamente hemos preparado al aire libre.

Realizamos el trasplante en el terreno a raíz desnuda o con cepellón.

Diapositiva28. Ponencia "Producción de setas de cardo en su hábitat".

Algunas muestras en semillero para trasplante.

Se realizaron a finales de octubre. El trasplante a los parterres definitivos se hizo en primavera.

Fvg.- (14/11/2013). A los 10 días de la siembra.

Las distintas coloraciones del sustrato es debido al tipo de tierra: arcillosa, grava, arenosa, fértil, greda pura y mezcla de ellas.
En cada uno de los receptáculos se depositaron entre 6 y 12 semillas y se regaron ligeramente a medida que lo necesitaban.

Fvg.- (24/11/2013). A los 20 días.

Fvg.- A mediados de mayo.

Fvg.- Vigor de la raíz principal

Fvg.- (23/05/2014). Estado de las plántulas en esas fechas.

Fvg.- Plantas listas para trasplante. Con cinco o seis hojas y con un buen sistema de raíces. Gran cantidad de pequeñas raicillas que salen de la principal.

Fvg.- Siembra en surcos en marco de plantación de 80x30 cm

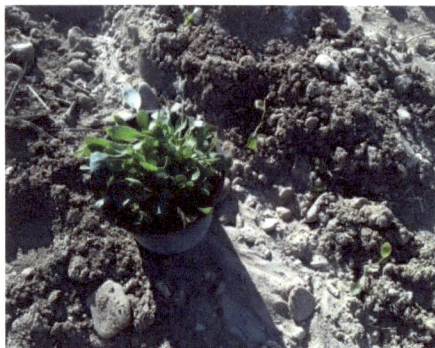

Fvg.- Excelente estado de la planta a trasplantar. Se realiza a raíz desnuda. Se puede apreciar que la raíz principal ya tiene el doble del tamaño que la parte visible

Semillero al aire libre

Invierno. El cardo necesita pasar por un periodo de bajas temperaturas

Semillero en primavera

Diapositiva29. Ponencia "Producción de setas de cardo en su hábitat"

Como este tema lo tratamos más en profundidad en el siguiente apartado no nos extenderemos en las explicaciones. Nos ayudaremos simplemente de algunas diapositivas que se utilizaron para la exposición de ponencias que impartimos sobre la "planta y el hongo".

> 1.- Sobre el *APROVISIONAMIENTO DE SEMILLAS* (diapositiva 26 y 27).

Coincidiréis con nosotros que no podemos comprar las semillas en establecimientos especializados, no podemos acudir a ninguna gran superficie y, menos aún, a una pequeña tienda o vivero. Cuando esto lo hemos comentado en alguno de estos establecimientos, la primera impresión de nuestros interlocutores fue de asombro, seguido de una SONRISA sarcástica con claras muestras de incredulidad.

Tenemos que conseguirlas nosotros, al menos hoy en día. Como se puede ver en las dispositivas el procedimiento puede parecer muy rudimentario, pero es el que hay , no tiene más complicación que encontrar buenos yacimientos en terrenos no cultivados o perdidos en los que la planta sea la que predomine y exista un gran porcentaje de ellas con tallo que es el que nos proporcionará las semillas. Así empezamos, pasado algún tiempo no hemos variado mucho la mecánica del proceso. En realidad no se necesitan grandes cantidades de semillas, dependerá de la superficie que queremos sembrar, pero en cualquier caso, son muchas las semillas que hay en cada una de las "umbelas" de la planta y el porcentaje de germinación consideramos que es aceptable si realizamos las siembras en la época adecuada. Las semillas serán de aquellas plantas que veamos en el campo más vigorosas y con mayor porte. La recogida la programaremos cuando la planta haya llegado al final de su ciclo anual y está completamente seca su parte aérea, antes de que el viento la transporte a otros lugares y la disperse. Durante los meses de septiembre-octubre/2013 se hizo acopio de semillas en nuestra parcela. En esas fechas están completamente secas y se desprenden fácilmente de las umbelas a las que están adheridas.

Fvg.*- Cardos apilados recogidos durante los primeros días de octubre.*

La parte aérea de la planta debe de estar completamente seca. Se realiza el "acopio" antes de que el viento los disemine. Con algún utensilio, o sistema "casero", separamos las semillas de las umbelas. En nuestro caso hemos pasado sucesivas veces por encima del montón con un vehículo. La semilla se desprende muy fácilmente.

Fvg.- *Cribado y selección de semillas. Listas para esparcir por el terreno.*

Fvg.- *Primer cribado en el que se observa la semilla con algunos restos de la planta. Se podría utilizar si la siembra es a voleo, si lo hacemos en línea con sembradora necesita de otros cribados.*

Se dejaron al aire libre durante unos días para que la semilla secara completamente y se almacenaron en recipientes adecuados para su posterior utilización en los distintos métodos de siembra.

La siembra se lleva a cabo durante el mes de octubre en distintos parterres previamente delimitaos en la parcela principal y en otras no muy lejanas en las que no estaba asentada esta planta, o la densidad era muy escasa. Se siembra en surcos y a voleo en distintos sustratos con distintas composiciones del terreno con el fin de comprobar la influencia de este parámetro en la germinación y crecimiento de las plantas. En las mismas fechas se realiza siembra en semillero bajo abrigo. Se pretende estudiar el porcentaje de germinación con siembra directa al aire libre y la siembra bajo control en invernadero para su posterior trasplante al terreno.

> 2.- En *SEMILLERO O DIRECTAMENTE EN EL TERRENO* (diapositiva 28 y 29).

Hay mucho por experimentar en cuanto a concretar la mejor época del año para realizar las siembras. Esta planta tan rústica sabemos que es perenne, pero no se sabe mucho más en cuanto a los trabajos a realizar y las mejores épocas para hacerlos si lo que se intenta es su propagación. En el libro que hemos publicado recientemente *"Cultivar la seta de cardo en su hábitat natural"*, ya comentamos algunos aspectos relacionados con la siembra de esta planta, por lo que no nos extenderemos más en este punto. Solo decir, que si hacemos semilleros, la fecha que consideramos idónea es a finales de octubre, primero del mes de noviembre, y si lo hacemos directamente sobre la superficie que queremos cultivar, podemos empezar realizando siembras a "voleo" por esas mismas fechas. Esta planta se asemeja a otras muchas que necesita pasar sus primeros estadios ya nacida en el terreno los meses más crudos del invierno. Necesita de las temperaturas bajas que se dan en los meses más fríos, incluso con heladas, como ocurre con algunos cereales de invierno, como el trigo y la cebada.

El mejor resultado, hasta la fecha, se está produciendo en aquellas siembras que hemos realizado esparciendo la semilla a voleo. Los trasplantes que hicimos en primavera, no es que no nos hayan proporcionado resultados positivos, simplemente, que en comparación con la siembra directa a "voleo" ha necesitado de muchos menos cuidados y labores.

Como mejor alternativa estamos realizando la siembra mecanizada para la siembra en línea con espacios suficientes entre ellas que nos permitan realizar las labores culturales necesarias, como es la eliminación de malas hierbas entre calles.

UN PAR DE SINGULARIDADES.

La primera…..

> ➤ **EN EL SEMILLERO** (diapositiva 30 a 32).

El semillero al aire libre nos ofreció una sorpresa que nos sorprendió y queremos haceros partícipes.

Como habéis podido ver la siembra de cardos en semillero al aire libre nos obsequió con unos excelentes resultados. La superficie dedicada fue de aproximadamente unos 10 m2. La preparación consistió en un ligero volteo de la parte superficial de la tierra del parterre para airear y eliminar alguna "mala hierba", se esparció la semilla en octubre - fechas en las que se suele sembrar por esta zona los cereales de invierno-, se hizo "a voleo" y se cubrió ligeramente la semilla con "arena" esparcida también "a voleo". Las semillas no deben de estar profundas, entre 0,5 y 1 cm. como máximo. Una pasada ligera de rodillo y riego para que asentara la semilla.

Prendieron muy bien y obtuvimos una densidad de plantas nacidas considerable, las pequeñas plántulas pasaron el invierno sin novedad y en primavera ya teníamos plantas con un buen desarrollo, tenía 4 hojas bien diferenciadas y un verde intenso.

Decidimos no utilizarlas para trasplante tal como habíamos programado en un principio. Las que más tarde trasplantamos lo fueron de otros semilleros que habíamos preparado bajo abrigo.

Con unas mínimas labores de mantenimiento -retirada de "malas hierbas"-, decidimos dejar el semillero otro año más para ver como evolucionaban las plantas estando tan juntas y densas.

En ese segundo año, a mediados de julio, inoculamos muchas plantas en terrenos fuera de nuestras parcelas que previamente habíamos seleccionado. Nos sobró algo de "micelio" y decidimos inocular en 4 puntos del semillero.

Ya hemos explicado como inocular, así que no volvemos a describir el proceso, solo destacar que al estar las plantas tan juntas y no llegar al segundo año, el grosor de la raíces principales era pequeño, con lo que la "bolita de micelio" -25 ml.- la incrustamos entre raíces de varias plantas que estaban juntas. El grosor de las raíces en general era tan solo de **1 mm**.

Bien, como en el resto de inóculos que habíamos realizado, tapamos y regamos esos puntos. Se aportaron tres ligeros riegos desde esa fecha hasta finales de agosto.

En la tercera semana de agosto, después de unos 40 días, vimos lo que os mostramos en las siguientes imágenes tomadas de uno de los setales del semillero.

En el "rodal" que aparece en la siguiente imagen (Diapositiva30) se contaron hasta 14 ejemplares en una primera "oleada". En los otros tres puntos ocurrió algo similar.

Los carpóforos de un buen diámetro, en general. En la imagen quizás no se aprecie muy bien, pero para hacernos una idea comparativa nos puede servir el tubo de PVC de 120 mm. en el que se ven dos setas a distinto nivel que ocupan la totalidad del diámetro del tubo. El resto de ejemplares están entre los 7 y 10 cm.

Esto mismo ocurrió alrededor de los otros tres puntos que estaban separados en el semillero.

Diapositiva30. Ponencia "Producción de setas de cardo en su hábitat".

Lo que nos sorprendió no fue que brotaran setas en esos puntos, lo esperábamos, lo curioso es que fueran ejemplares de un tamaño tan considerable. La idea que barajábamos era que, efectivamente, al regar se adelantaran las brotaciones y ver cómo se expandían los "setales" tal como ya había ocurrido en otras zonas en las que se habían adicionado algunos riegos, pensábamos que las setas que nacieran iban a tener un diámetro de sombrero pequeño ya que las raíces a las que se iría asentando el "micelio" eran de muy poco grosor, motivo por el que pensábamos que veríamos muchas setas repartidas por toda la superficie del semillero pero de pequeño tamaño.

Para intentar aclarar cómo se había desencadenado el proceso nos ayudamos del tubo de PVC que se aprecia en la diapositiva. El trozo de tubo que utilizamos era de 40 cm. de longitud y un diámetro de 12 cm. Lo incrustamos en el lugar en el que en ese momento estaban las setas de mayor porte, dos muy juntas, formando algo parecido al "rosetón" de setas unidas que sale cuando la raíz de la planta es de mayor grosor.

Profundizamos en el terreno la totalidad de su longitud y después de humedecer la zona, lo sacamos relleno el interior del sustrato que había hasta esa profundidad, en realidad lo que hicimos es una especie de "cata".

Fvg.- Retirada de la "cata" con dos ejemplares de gran tamaño.

En la diapositiva de abajo (Diapositiva31) se aprecia lo que descubrimos una vez que retiramos con mucho cuidado gran parte de la tierra a la que se fijaban las raíces.

En síntesis lo que se ve son **dos setas de unos 10 cm. de diámetro adherido su "pie" a un grupo numeroso de pequeñas raíces de cardos.** El hongo había colonizado un grupo de plantas que estaban muy cercanas y el micelio, concentrado por la unión de esas raicillas en un punto, llega al estado en el que nos ofrece su última fase (micelio terciario) con la aparición de una seta de considerables proporciones.

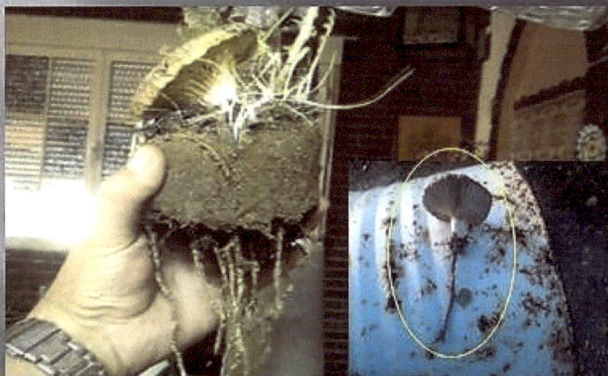

Diapositiva31. Ponencia "Producción de setas de cardo en su hábitat".

Fvg.- *Raíces invadidas por el micelio del hongo. Es lo que se ve después de haber retirado la parte superior en la que se encontraban las setas.*

En la siguiente diapositiva -Diapositiva32- vemos en el extremo del "pie" - píleo - numerosas raicillas de pequeñas plantas que están unidas por micelio del hongo. Dicho de forma más simple, el micelio del hongo invade por cercanía a un grupo de raíces y cuando llega el momento "ECLOSIONA" dando como resultado una seta que es producto de haberse nutrido de ese grupo de raíces.

Esto explica el que no brotaran pequeñas setas a lo largo de todo el parterre. Resulta obvio, esta forma de expandirse ha hecho que en el parterre ya no existan tantas plantas. Han quedado algunas zonas en las que no dio tiempo a que llegara el micelio del hongo y esperamos que en este año ya las colonice. Cuando esto ocurra podremos decir que *la zona está AGOTADA, ya no habrá plantas que invadir y no brotarán más setas.*

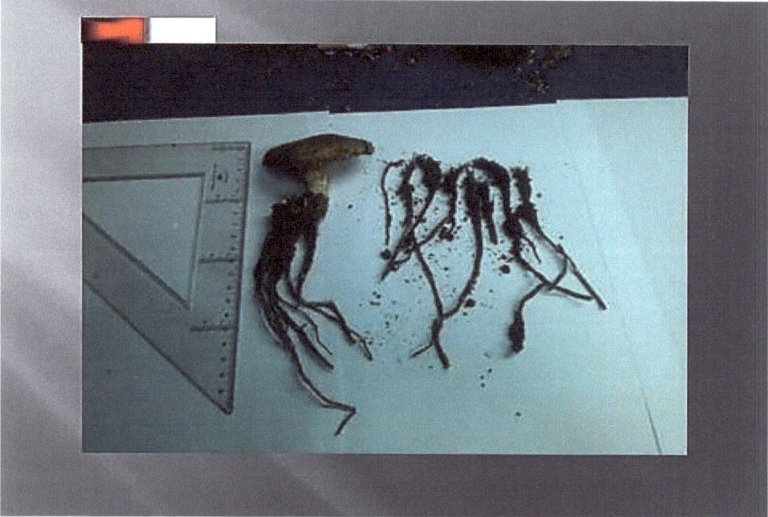

Diapositiva32. Ponencia "Producción de setas de cardo en su hábitat"

La segunda singularidad....

> **EN UN GRUPO DE PLANTAS MUY JUNTAS de MAYOR GROSOR DE LA RAIZ.**

*Fvg.- Raíces de plantas invadidas por nuestro hongo. Profundidad de penetración en la imagen 40 cm. La colonización a otras plantas cercanas lo hace a través de sus raicillas. **"De oca a oca y tiro porque me toca…".***

El hongo Pleurotus Eryngii coloniza las raíces de la planta Eryngium campestre hasta una profundidad considerable. Hemos comprobado que aún seccionando la parte superficial de una raíz invadida, hasta unos 25 cm., han brotado setas.

Fvg.- Pequeños primordios por debajo de la superficie en un "socavón" practicado en un punto en el que brotó un grupo de setas.

Diámetro del primordio más grande 0,5 cm. Han brotado de pequeñas raicillas dejadas casi al descubierto al retirar la tierra del hoyo. El micelio se ha extendido colonizando las ramificaciones de multitud de raicillas (restos) de las plantas.

Fvg.- Los primordios tienen diámetros entre 1 y 4 mm. No se desarrollarán más. El grosor del "pie" en la base es mayor que el del carpóforo.

Fvg.- Setas nacidas de restos de raíces en otro socavón preparado, diámetro entre 4 y 6 cm. Los pequeños puntos blancos son pequeños primordios de no más de 1 mm.

HACIA UN CULTIVO EXTENSIVO

Cultivo de la seta de cardo en su hábitat natural

HACIA UN CULTIVO EXTENSIVO

Supongamos que disponemos de una parcela de 1 Ha.

1. Sembramos toda la parcela. El sistema de siembra puede ser a VOLEO.
2. A los dos años la dividimos en tres PARTES.
3. Inoculamos 1/3, aprox. 3000 metros cuadrados.
4. Utilizamos 2 l. de micelio e inoculamos en 80 cardos procurando que sea suficiente para esa superficie.
5. De ese parterre ya recolectaremos setas **al SEGUNDO AÑO**.
6. Al TERCER año inoculamos otro tercio e inoculamos igual que hicimos con el anterior.
7. El CUARTO año lo hacemos en la porción (1/3) que nos resta. Aquí los cardos sobre los que inoculemos serán bastante mas VIGOROSOS.
8. A medida que se van AGOTANDO los parterres realizamos nuevas SIEMBRAS PARA REGENERAR NUEVAS PLANTAS.

Diapositiva33. Ponencia "Producción de setas de cardo en su hábitat"

Cultivo de la seta de cardo en su hábitat

PREPARACIÓN DE TERRENOS PARA CULTIVO EXTENSIVO

Plantones con marco 10x30

Siembra 2014
Estado a fecha 11/2015

Siembra a voleo.
Octubre 2015.
Superficie 1 Ha.

Diapositiva34. Ponencia "Producción de setas de cardo en su hábitat"

Fvg.- *Parterre de experimentación con siembra de cardos en acolchado.*

Fvg.- *Plantas a mediados de abril con un buen desarrollo.*

Fvg.- *Pequeñas plántulas con dos hojas bien diferenciadas a finales de octubre. Pasarán el invierno fortaleciendo el sistema radicular.*

Fvg.- Campo de pruebas. *Parcela sembrada a mediados de octubre a "voleo".*

SETA DE CARDO Vs CARDO CORREDOR

Es una breve exposición de los trabajos que estamos realizando para cultivar la planta en parcelas de una mayor superficie.

Se comenzaron en el otoño del 2015 por lo que a fecha de esta publicación no podemos ofrecer más resultados que los realizados con la siembra.

En la Diapositiva34 vemos una proyección de lo que queremos realizar en un futuro a medio plazo. Algunas referencias pueden variar, pero es el camino a recorrer.

Con una superficie de 1 Ha. ya habría que pensar, sin lugar a dudas, en perseguir un rendimiento económico al proyecto. Hay mucho camino por andar, pero somos optimistas y creemos que la idea puede ser viable. Quizás en otro momento, no muy lejano, podamos ofrecer los resultados obtenidos. Lo dejamos ahí, es una línea de actuación en la que ya estamos trabajando y os invitamos a que alguno de vosotros se anime y también la pueda llevar a cabo.

LOS GRANDES RETOS...

Dos son los grandes "retos" que se nos plantean como más preocupantes y de no fácil solución. Hay que afrontarlos y encontrar remedio a los mismos. Se nos antoja todo un desafío poder solucionar, o aminorar, los efectos tan perjudiciales que acarrean, pero es necesario si pretendemos que el cultivo de la "seta de cardo" se consolide como una alternativa de producción ecológica y novedosa de la que sacar un rendimiento económico en un futuro no muy lejano.

Consideramos que el primero, por establecer un orden, es encontrar remedio a los que denominamos "enemigos de la planta Eryngium campestre y del hongo Pleurotus Eryngii".

Veremos solo a algunos de los más conocidos por todos los que en algún momento hemos ido a recolectar esta seta. Como enemigo nº 1 del hongo están los insectos causantes de las galerías que vemos cuando al hacernos con alguna seta descubrimos pequeños agujeritos que nos indican que dentro hay algún gusano que los ha causado. Estas galerías aparecen muy visibles en el "pie" y el sombrero entre las laminillas, los causantes son pequeños gusanos -larvas- tan voraces que dejan solo la cutícula que no pueden digerir.

Las larvas son los pequeños seres que aparecen después de eclosionar los huevos que ponen algunos insectos en la base del píleo o directamente entre las láminas del carpóforo. La humedad y temperaturas suaves hacen que proliferen las puestas de insectos que desarrollan su clico en el ecosistema de nuestra seta.

Los ejemplares atacados, si no ha sido muy virulento, se pueden consumir si desechamos las zonas por las que se han desplazado formando las galerías tan características. Son muchos los aficionados que han recolectado esta seta toda su vida, personas veteranas con muchas experiencia y que han realizado infinidad de "escapadas" para recolectarla, que nos dicen que ellos las consumen, que no PASA NADA, que si se hace una buena limpieza y se desecha la parte dañada las podemos comer sin ningún temor, casi todas nos comentan que es una *lástima desecharlas con lo que cuesta encontrarlas y lo sabrosas que están*.

Otros enemigos, muy a tener en cuenta, son los que atacan a la planta, los que dañan al "cardo corredor". Estos son menos conocidos porque no ha sido materia por la que se mostrará un interés especial. Ya hemos visto que esta planta no goza de la simpatía de muchos colectivos, especialmente de nuestros agricultores. Luego, para que se va a investigar a favor de ella...

En nuestro proyecto, sí que tienen una gran relevancia ya que la producción de esta seta depende intrínsecamente de que tengamos cardos y que cuanto más sanos y vigorosos MEJOR, si son abundantes y están sanos tendremos setas también en mayor cantidad. Ya no tenemos que dudar que la seta de cardo silvestre brote porque el hongo pleurotus eryngii se alimenta de las raíces de esta planta, y solo de ella.

El otro GRAN RETO es como repoblar la planta en aquellos terrenos que ya han brotado setas. Estas parcelas se habrán quedado sin cardos a medida que han ido produciendo estos comestibles. Si tuviéramos que responder a la pregunta, ¿quién es el mayor enemigo del Eryngium campestre?, diríamos sin lugar a dudas que es el propio hongo Pleurotus eryngii, es parásito de esta planta y en su evolución llega a EXTERMINARLA COMPLETAMENTE. En los lugares muy "seteros" habremos observado como en los puntos en los que hemos recolectado hay grandes claros en los que no se ve ningún cardo.

IMPORTÁNTISIMO este tema, estamos trabajando en como sembrar la planta en esas zonas AGOTADAS. Nos ocupa y nos preocupa en demasía porque de esto depende, y mucho, las superficies de terreno que debemos dedicar al cultivo. No es lo mismo tener una parcela en la que podamos rotar o alternar simultáneamente siembras de la planta con la producción de la seta, que desaprovechar esa parcela porque no se pueda sembrar la planta de sustento.

Estas son las dos grandes preocupaciones en las que estamos intentando encontrar soluciones aceptables. Estamos consiguiendo algunos avances interesantes, puede que podamos hacerlos público en algún momento.

Diapositiva35. Ponencia "Producción de setas de cardo en su hábitat".

➕ RETO Nº 1. COMBATIR A LOS ENEMIGOS DE LA PLANTA Y DEL HONGO:

(......) algunos de la seta [HONGO].

Fvg.- *Insecto de la familia de los "milpiés" perforando el píleo de una seta. En zonas en las que está asentado causa grandes daños.*

Fvg.-*Numerosos individuos de la familia bajo la superficie alimentándose de la seta*

Fvg.- *Cutícula comida por gusanos o babosas. La seta de puede consumir si uno no es muy "escrúpulo" y se limpia convenientemente. ¡Es una pena dejarla..!*

Fvg.- *Galerías horadadas por larvas de insectos. Dípteros como* **"tarnania fesnestralis".** *Cuando no son muchas las larvas se suelen aprovechar las setas con una buena selección y limpieza.*

Fvg.- *Seta que ha estado bastante tiempo en el terreno y ha aguantado parte del invierno. En estas fechas tardías las setas tienen un aspecto poco agradable debido al asentamiento de bacterias y otros hongos que las invaden favorecido por el exceso de humedad.*

(......) algunos de la planta Eryngium campestre......

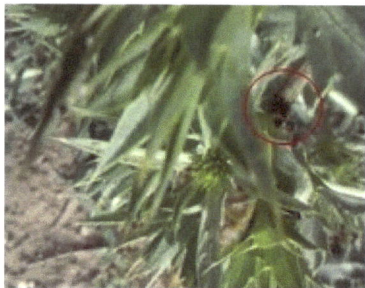

Fvg.- Izq.insecto buscando su hábitat.

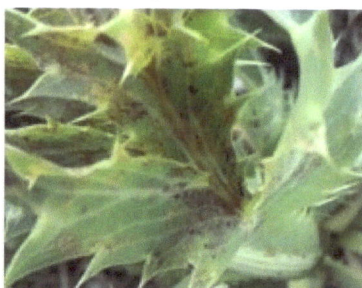

Derch. Planta atacada por ácaros.

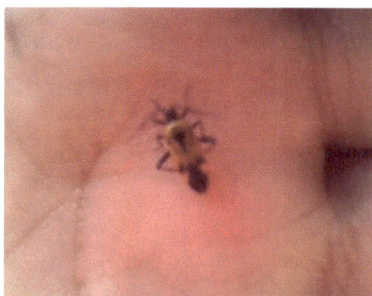

Fvg.- Insecto que vive sobre los cardos

Fvg.- Encapsulado de una larva.

Fvg.- Larvas de considerable tamaño saliendo al exterior del refugio creado en el ápice de las ramificaciones de los tallos de la planta. Los puntos negros son los excrementos. Este brote no producirá semillas.

Fvg.- Orobanche amethystea. Familia.: Orobancáceas. Nombre común "JOPO".

Como no tienen clorofila son totalmente dependientes de otras plantas heterótrofas, es decir, son parásitas. Las semillas unen sus raíces a las de las plantas huésped más próximo para extraer el agua y los nutrientes (carbohidratos). Normalmente parasitan leguminosas pero esta especie suele parasitar al cardo corredor. Así que la podemos considerar como un enemigo de incidencia MEDIA.

Fvg.- Salivazo del cuco. Nombre común por el que se conoce esta masa de "espuma blanca" que vemos en primavera en algunas plantas.

Son los nidos de espuma que diferentes especies de Homópteros que vemos a principios de la primavera en algunas plantas. Lo hemos visto de forma masiva en la planta Eryngium campestre. Es una masa espumosa que aparece en la base de los tallos principalmente cuando estos son incipientes. No es muy desagradable y es muy suave al tacto. La larva genera la masa de espuma y vive en su interior que le sirve de protección frente a depredadores. Ahí se produce la metamorfosis pasando al estado de ninfa y posteriormente al de insecto. No pensamos que esto en sí sea dañino para la planta. La hemos querido mostrar, más como una curiosidad que se produce en la primavera y la podemos ver en muchos cardos.

No podemos concluir este apartado sin mencionar a dos seres que también producen algunos daños a nuestra planta, el _Mocrotus arvalis_, nombre común "topillo" y _Oryctolagus cunuculus_, para los amigos "conejo de campo".

El primero causa daños por debajo del suelo al horadar galerías entre las raíces del cardo, las roe y ahueca la tierra que está en contacto. El segundo también causa estos daños y cuando la planta está tierna se comen los tallos centrales productores de semillas. No se puede considerar como muy importantes ya que en la actualidad no son muchos los que se pueden ver debido a la caza y las bajas por "mitomatosis", enfermedad muy virulenta que diezma considerablemente la población de estos animales.

En las zonas en donde han encontrado algún tipo de protección y son más abundantes producen un daño a la planta que podemos considerar de un nivel mal ALTO. Lo originan al comerse la parte central de la planta al comienzo de la primavera cuando se empiezan a ver algunos tallos y estos están más tiernos impidiendo que lleguen a producir las umbelas. Aunque esto no extermina a la planta; sin embargo, ocasiona que las plantas no produzcan inflorescencias productoras de semillas que se propaguen y diseminen por otras zonas para producir nuevas plantas.

Fvg.- Izq. madriguera de topillo justo en el lugar que hay un cardo. Derch. topillo escudriñando los alrededores. Son muy prolíficos y pueden constituir PLAGA. En Castilla y León hemos tenido en 2008 y 2015 causando graves daños en números cultivos, en especial en terrenos de regadío.

Son mucho más los que hemos denominado <ENEMIGOS DE LA PLANTA Y DEL HONGO>, esta no era una cuestión que pensáramos abordar en esta publicación. Somos conscientes de la importancia de esta gran cuestión que hay que abordar si queremos avanzar en nuestro proyecto de cultivar la seta de cardo en forma silvestre.

En el libro *"Cultivar la seta de cardo en su hábitat natural"* comentamos otras cuestiones que complementan lo que ahora estamos tratando y que podéis consultar. Lo dejamos en este punto, pero antes llamaros la atención por el siguiente apartado que seguro que os producirá alguna sorpresa y quizás nunca os habéis percatado que ocurriera.

Pero hay un enemigo mucho más LETAL e inesperado,

< NUESTRO PROTAGONISTA EL HONGO PLEUROTUS ERYNGII>

Fvg. Dos setas que han brotado en primavera, en mayo. La planta en estas fechas ya está en pleno desarrollo; sin embargo, en estas imágenes se aprecia que está muy debilitada por el ataque del hongo. Se ha establecido una lucha entre ambos seres y parece que "gana" el hongo. Llegará a **EXTERMINARLO**

✚ RETO Nº 2. TERRENOS AGOTADOS:

Fvg.- Zona a repoblar. Siembra a "voleo". La semilla se cubre ligeramente con una pequeña capa de arena.

Fvg.- Panorámica de un terreno en el que la densidad de cardos es abundante. Es primavera y se aprecia que en las zonas A y B no han brotado (ni lo harán) debido a que el micelio del hongo ha eliminado los existentes y tampoco deja que las semillas germinen. Las que lo pudieran hacer producirán pequeñas plántulas muy débiles que no llegarán a la madurez.

CONCLUSION.

Hemos visto cómo realizar inoculaciones sin muchas complicaciones y que cualquiera de nosotros las puede hacer sin grandes costes.

Es una experiencia muy gratificante y los resultados que vamos a obtener son muy POSITIVOS.

El micelio se puede conseguir, son muchas las empresas que nos venden micelios de distintas variedades de hongos para que los cultivemos en nuestros hogares o en pequeños recintos. Si lo adquirimos a alguna de estas empresas es muy importante que nos aseguremos que corresponde a un preparado hecho de "clones" o esporadas de SETAS DE CARDO SILVESTRES, de no ser así nos podemos llevar alguna sorpresa no deseada.

Podemos adquirir micelio de muchas variedades de hongos y las empresas que lo comercializan explican cómo cultivarlos en distintos sustratos y las labores de mantenimiento a aplicar, desde paja de cereales, posos de café, tocones de distintos árboles, etc.. Siguiendo las instrucciones que nos proporcionan, cualquiera puede cultivar setas para consumo familiar. En el caso concreto de nuestro hongo parece ser que los resultados no son demasiado satisfactorios, es una seta que entraña algunas dificultades para su aclimatación en condiciones controladas. Lo cierto, y está demostrado, es que los ejemplares cultivados a nivel industrial no tienen el mismo aspecto y "SABOR" que los recolectados directamente en el campo, en su hábitat, teniendo como fuente de sustento la raíz del "cardo corredor".

Las setas que adquirimos en establecimientos que comercializan este hongo, en especial en Cataluña, aun teniendo su origen de cepas del hongo pleurotus eryngii, no tienen la apariencia ni el excelente sabor de la seta recolectada directamente en el campo, en especial en estas tierras de Castilla y León.

Con lo expuesto en esta publicación os animo a que realicéis vuestras pruebas para conseguir la seta silvestre, os resultará apasionante y enseguida veréis que sois capaces de producir vuestras propias setas. Tendréis vuestros "setales" en los que cada temporada disponer de ésta suculento manjar para consumo propio y de amigos o familiares a los que sorprender con un magnifico regalo. Creareis pequeños oasis que solo conoceréis vosotros, zonas secretas en las que recolectar a voluntad.

Algunos puede que lo hayáis intentado y os habéis desanimado por alguna de las siguientes causas:

- Por no tener un terreno en propiedad que reúna unas condiciones mínimas, como puede ser que en él crezcan cardos de forma espontánea. No importa haremos que TENGA CARDOS.

- Quizás sí que se tiene el terreno, pero pienses que el cultivo de otros productos tradicionales te va a producir mucho más, o que puedes alquilarlo y con ello obtener algún rendimiento sin complicaciones ni quebraderos de cabeza. Dependerá del tipo de terreno y la superficie que dispongas, pero piensa que estamos tratando de un producto NOVEDOSO. Con la producción de la "trufa" también se pensó lo mismo....

- Quizás has probado, pero no has sido constante en el empeño y no has dejado transcurrir el tiempo necesario para ver los resultados de tu trabajo abandonado sin más.

- Quizás sí que has obtenido algún resultado positivo y no has podido beneficiarte de lo conseguido porque lo que ha ocurrido es que alguien te ha "birlado" el producto. Bien, esto puede pasar, habrá que pensar en solucionarlo.

- Quizás solo te has conformado con ver que puedes producir algunas setas y que estas son suficientes para tus necesidades. Si esto es así, has logrado el OBJETIVO propuesto.

- Quizás sí que has sido constante en tu empeño y has recolectado setas en cantidad apreciable, pero se te han estropeado porque no has encontrado la forma de comercializarlas **¡Enhorabuena!**, es mucho lo conseguido. ¡Insiste! que con toda probabilidad encontrarás una solución.

Estas pueden ser algunas de las dificultades con las que nos podemos encontrar y quizás alguien, de los que estéis leyendo esto, ya se ha enfrentado a alguna de ellas. Deseo animarme y animaros, soy consciente de estas y otras vicisitudes que nos pueden surgir, pero *¿pensáis que pudiera ser "un camino de rosas"...?*.

ALGUNAS IDEAS QUE PONER EN PRÁCTICA < Ahí van tres...>.

Dado que hemos llegado a la conclusión de que esta seta se puede propagar a zonas en las que no brota de forma natural, veamos alguna idea con la que comenzar.

1. INOCULAR en parcelas de nuestra propiedad.

Interesante para aquellos que tengan algún terreno ocioso que no esté siendo aprovechado; bien porque no sea productivo; es decir, de mala calidad para el cultivo de otros productos agrícolas, o porque piense que se puede sacar algún beneficio con la producción de setas.

No necesariamente tiene que ser con el propósito de obtener alguna rentabilidad, es suficiente querer producir nuestras propias setas a voluntad para un consumo propio o, porque no, la satisfacción que nos proporciona que lo conseguido ha sido obra nuestra. Esto dependerá de la superficie de terreno que dediquemos, si es significativa nos podremos plantear sacar alguna rentabilidad de nuestros "cultivos", si es pequeña podemos probar con inoculaciones no masivas para producir setas para nuestro consumo familiar.

Para una u otra opción es imprescindible que en esos terrenos crezca la planta sobre la que se sustenta nuestra seta; es decir, el cardo corredor (Eryngium campestre).

Esta es la opción que aconsejo en el caso de disponer de alguna parcela con esas características que hemos definido. No es necesario que tenga una gran extensión. Si lo que se pretende es hacerlo por el mero placer de ver que somos capaces, no es necesario dedicar una gran superficie, basta con unos 100 a 200 metros cuadrados, incluso menos, es suficiente.

2. INOCULAR en cualquier parcela, sendero, erial, perdido, etc...

Esta es una opción bastante "altruista" ya que no nos garantiza que seamos nosotros los que nos beneficiemos de nuestra dedicación. Sí del éxito del resultado, pero quizás NO de que el producto sea para nosotros.

Consiste en inocular en lugares que nos puedan parecer idóneos al estar provistos de una gran densidad de cardos pero nunca han brotado setas. Sabemos que esto ocurre, hay sitios en los que nunca hemos recolectado y hay suficientes plantas. Hay que forzar que el micelio del hongo se asiente y para ello podemos inocular en algunos puntos, seguro que en la siguiente temporada saldrán algunas setas. .

Como se anuncia es una opción altruista ya que al realizarlo en terrenos libres, o en fincas de otros propietarios, del éxito de nuestros trabajos se beneficiará cualquiera que pase por ahí y encuentre algún ejemplar. Si esto ocurriera, esa persona o personas, visitarán asiduamente el lugar. Nos queda la satisfacción de que las setas nacidas lo han hecho gracias a nosotros. Aconsejamos que no deis mucha publicidad de lo que estáis haciendo, al menos el primer año y quizás alguno más, seréis siempre los primeros en recolectar setas en esos puntos.

3. INOCULACIONES masivas. ¡AVISO A NAVEGANTES...!

Con motivo de racionalizar y normalizar todo lo relacionado con este recurso micológico, la recolección de todo tipo de hongos comestibles, muchas Comunidades Autónomas y Ayuntamientos están estudiando cómo poner algo de orden y controlar esta actividad antes de que sea demasiado tarde. Intentan que los recursos micológicos y su aprovechamiento se realice de forma más controlada sin llegar a "esquilmar" los bosques productores de un sin fin de variedades de hongos comestibles. Son cada vez más los que salen a recolectar y no todos lo hacen preocupados por cuidar y preservar estos recursos tan valiosos. Es mucho el daño que se ocasiona cuando estas prácticas se realizan intensamente y sin control en un breve periodo de tiempo.

El perfil de las personas que recolectan hongos es muy variado, hay quienes se conforman con ir ocasionalmente en busca de algunos ejemplares recolectando una pequeña cantidad que sea suficiente para satisfacer el capricho de probar las "setas" una o dos veces en la temporada, no acuden con la intención de *"arrasar"* con todos los hongos que encuentran a su paso.

Estos quizás, si el año no es malo, vuelvan a salir y harán lo mismo, recolectarán solo aquello que necesiten para consumo propio. Saben que no son muchas las oportunidades en que pueden hacerlo y son los primeros en contribuir a que lo puedan hacer todos los años cuidando el entorno. Por desgracia no son muchas las personas que actúan con esta delicadeza, son más lo que piensan que si no son para mí, tampoco son para otros.

Tienen una "misión" a cumplir y es recolectar todo lo que "pillan" a su paso, recogen ejemplares de la variedad que sea, aunque estén todavía inmaduros, pisotean y utilizan utensilios que destrozan los micelios - rastrillos, por ejemplo -. Quizás no sean muchos, pero por los lugares que han pasado pareciera que lo han hecho en masa, se nota claramente por la huella de los destrozos que dejan a su paso. No salen uno, ni dos días…, lo suelen hacer durante toda la temporada y las cantidades recolectadas las "venden" sin ofrecer ninguna garantía. Sabemos lo peligroso que puede ser esto, en su afán de coger la mayor cantidad posible pudiera haber algún ejemplar tóxico, hasta el extremo de poder causar la muerte. Todos hemos escuchado algún caso de intoxicación por consumo de setas; en fin, por desgracia esto ocurre más de lo que pensamos.

Esta línea de actuación que hemos denominado INOCULACIONES MASIVAS, no es una acción que podamos llevar a cabo de forma individual, no está en nuestras manos, más bien son algunas de las entidades o instituciones que hemos mencionado quienes pueden y deben hacerlo.

Hemos comentado que en algunos Ayuntamientos y Comunidades Autónomas actualmente regulan, dentro de su ámbito territorial, los recursos micológicos de los que potencialmente disponen. Nos parece una buena medida siempre que se haga bien y perdure en el tiempo para que todo aficionado sepa lo que debe de hacer en cada momento dependiendo de la variedad de hongo que está recolectando. Debe de ser conocedor de los lugares en los que está permitida la recolección de una variedad concreta, las cantidades que no se pueden sobrepasar y cómo hacerlo.

Actualmente ya se expiden los permisos y se delimitan las zonas en las que se puede recolectar, así como la cantidad de ejemplares - expresado en peso- de cada variedad de hongo que está permitido recolectar por día o por campaña. Por la expedición de estos permisos se cobra una tasa, o canon, y se contratan vigilantes o guardas que se encargan de controlar y supervisar que se haga de forma racional.

En esta zona de España (Castilla y León) algunas Instituciones y Consejerías están realizando estudios encaminados a regular y gestionar los recursos micológicos. Se está centrando en la recolección de hongos que proliferan principalmente en nuestros montes y bosques, en especial hongos de nuestros montes y espacios forestales (pinares, hayedos, robledales, encinares, etc..).

Al encabezar este apartado con la exclamación *¡AVISO A NAVEGANTES! hemos querido que se sientan aludidos representantes de estas instituciones a los que pedimos que hagan algo positivo para preservar y poner en valor este fantástico hongo tan nuestro,* nuestra seta de cardo de toda la vida, a la que hay que proteger muy especialmente, sin escatimar esfuerzos y recursos para que NO SE EXTINGA.

Son estas entidades las que, si se lo proponen, pueden hacer algo al respecto. Se trata de que realicen, lo mismo que proponemos hacer a nivel individual, pero a otra escala que denominamos MASIVA. No somos quienes para indicar las pautas a seguir, pero sí que se nos ocurre algo que está en sus manos a corto plazo. Podrían programarse actuaciones para que el personal contratado y encargado de gestionar estos recursos realizara inoculaciones con el micelio de nuestra seta por zonas en que esté asentado el "cardo corredor".

Podrían adquirir algunos litros de MICELIO y bien ellos, con su propio personal -guardas o vigilantes de campo-, o con técnicos de medio ambiente, programar INOCULAR en aquellas zonas de su comarca de propiedad institucional -local, autonómica o estatal- no cultivadas o improductivas. Pongamos que adquieren (compran) 5 litros de micelio (150 euros), con esa cantidad se puede inocular aproximadamente 450 plantas (cardos) y como no tienen que estar juntos la superficie de terreno puede estar en torno a 20 Ha. Se trata de inocular en sitios separados que formen setales en el futuro. Esas 450 inoculaciones las puede realizar una sola persona en 5 jornadas laborales. El coste de esas labores no asciende a más de 80 euros por jornada, incluyendo seguros y cotizaciones sociales obligatorias. Haciendo una sencilla operación aritmética, resulta que con un desembolso de 550 euros se ha inoculado una gran superficie y a corto plazo brotará el hongo **Pleurotus Eryngii (seta de cardo)** en nuevos asentamientos.

Otra idea, imaginemos que en todas las parcelas en las que se ha extraído áridos - graveras -, se proyectara dedicarlas a producir este recurso. Sabemos que estas parcelas son improductivas y que lo único que se ha hecho en ellas, una vez extraídos los áridos, ha sido restaurarlas incorporando una ligera capa de tierra fértil. Imaginemos ahora que en ellas se asentara la seta de cardo, sería *EXTRAORDINARIO VERDAD?.*

En esta hipótesis de trabajo no se inocularía con el micelio del hongo, ya que carecen de la planta de sustento, previamente habría que sembrar esas grandes extensiones con la planta. Esos terrenos son idóneos para la implantación de la seta de cardo, tienen una estructura del suelo caliza y son adecuados para el desarrollo de la planta.

Este es un proyecto mucho más ambicioso y requiere de una planificación y estudio en profundidad, pero sería factible realizarlo por quien puede hacerlo, o al menos plantearse su viabilidad.

Estas son algunas de las actuaciones que podemos emprender, hemos descrito alguna de las ideas que nos han surgido a medida que avanzamos con nuestros trabajos. Estamos seguros de que se os ocurrirán otras, incluso más novedosas. ¡Animo y ADELANTE!.

No quiero terminar sin antes dedicar unas líneas a una persona que ha creído en todo momento en lo que estamos haciendo. Esa persona es mi hermano. Es el que, con una fe ciega en lo que hacíamos y con una pasión desmesurada por esta seta, se ha encargado de impulsar un gran proyecto, es el que se ha encargado de realizar los trabajos de acondicionamiento de las parcelas, es el que, con una especial delicadeza e interés, se ha preocupado durante estos últimos cuatro años de realizar un seguimiento exhaustivo de lo que se iba programando, tomando notas y comentando lo que iba observando, para luego poder reflejarlo en esta publicación. En definitiva, sin él no habría sido posible llegar hasta donde hemos llegado. Hemos tratado muchos aspectos de estos dos seres tan vinculados entre sí. Son completamente distintos, incluso clasificados en distinto reino en biología, la planta en el reino vegetal y el hongo en el reino fungii, pero ambos, individualmente y de forma conjunta ofrecen singularidades dignas de estudio.

Queremos conocer más y más de ambos, son muchas las cuestiones que aún quedan por investigar y requieren tiempo para llegar a desentrañarlas. Algunas no han podido exponerse en esta publicación porque aún no las hemos comenzado, otras porque están en proceso y no se pueden ofrecer resultados definitivos. Puede que tengamos la oportunidad de hacerlo no pasado mucho tiempo.

*Bien, hemos llegamos al final de lo que queríamos exponeros, nuestra pretensión no ha sido otra que trasladaros algo de lo que estamos haciendo desde hace algunos años relacionado con lo que consideramos debiera ser un referente en nuestra Comunidad Autónoma, LA SETA DE CARDO, no tenemos ninguna duda que es merecedora de que la pongamos en VALOR. Si habéis llegado hasta aquí habréis constatado que el tema que estamos tratando es materia comprendida en distintas ramas de la biología, como microbiología, ecología, entomología, fitopatología, botánica, zoología, etc.., así que nos vamos a permitir hacer un llamamiento a **todos y todas** que pertenezcáis a alguno de estos colectivos que nos hagáis llegar vuestras sugerencias o comentarios de aquello que nos pudiera ser útil en el camino a recorrer, incluso lo que sea criticable o a corregir. Nos ayudará y os lo agradecemos de antemano. Para esto, y para cualquier otra cuestión, os facilito una dirección de correo electrónico a la que lo podéis hacer: felixviga@gmail.com*

¡HASTA PRONTO....!

BIBLIOGRAFIA

- Imágenes **"Fvg"** tomadas del *libro "Cultivar la seta de cardo en su hábitat natural"* del mismo autor (Fvg) Félix Villullas (en diversas páginas).

- Diapositivas tomadas de la Conferencia "Producción de la seta de cardo en su hábitat" impartidas en la Universidad de Valladolid - Campus La Yutera de Palencia-. del mismo autor **(Fvg).**

- Descripción Eryngium campestre – cardo corredor- De Wikipedia.

- Componentes de la raíz del Eryngium campestre. Diversas fuentes.

- Cómo se alimentan los hongos superiores.

  Fuente. Apuntes sobre el fascinante reino de los hongos.

  http://www.myas.info/cdsetas/HTML/FRHongos.htm

- El ciclo biológico de los hongos micorrícicos. Imagen 1

  Fuente: Universidad de San Carlos de Guatemala.

  Imagen 2. http://listas.20 minutos.es

- Evolución de un SETAL. Anexos tomados del libro "Cultivar la seta de cardo en su hábitat natural". **Autor (Fvg) Félix Villullas García.**

- Descripción e imágenes "corro de brujas" y anillos de hadas. Fuentes: Wikipedia, la enciclopedia libre y

  http://setasguarena.blogspot.com.es/2008/06/curiosidades-corros-de-brujas.html

www.ingramcontent.com/pod-product-compliance
Lightning Source LLC
Chambersburg PA
CBHW040129270326
41928CB00001B/3